태산같은 중심, 한결같은 진심

김선동의 동문동답

답

인터뷰어(interviewer) 소개

이쌍규

정치 평론 및 여론조사 전문가로 대구보건대학 사회복지학과 겸임교수, 참여정부 교육인적자원부 부총리 비서관, ㈜GIG(Global Investment Group) 대표이사, 팟캐스트 〈나친박〉 진행자 및 책임연출(CP), 〈新넘버 쓰리〉 방송기획 및 제작, 스마트미디어 N 방송본부장 등을 역임했다. 공중파 방송 활동으로는 TBN 교통방송 "이쌍규의 통계로 본 세상"을 진행하였고, 저서로는 『여론조사 SPSS로 단숨에 끝내기』(길벗,1998), 『SPSS를 활용한 여론조사』(삼우사, 2002), 『마케팅 통계 실무』(부산광역시 교육청, 2008), 『역사 라듸오 조선 1』(글과 생각, 2015)등이 있다.

정인성

다양한 분야에서 재미와 의미를 찾는 N잡러.
작가로서는 〈세상을 바꾼 명연설〉 시리즈를 집필 중이고, 온라
인 방송콘텐츠 및 영화 제작에도 참여하고 있다.

전혜인

말과 글로 담백하게 세상을 전하는 아나운서.
〈Political Effect〉에 인터뷰어로 참여하고 있다.

프롤로그 1

대한민국은 선진국으로 진입했다. 국민소득과 경제 수준은 다른 선진국들과 어깨를 겨누지만, 경제적 양극화, 자살률과 출산율을 보면 강대국으로 전환하기에는 아직 갈 길이 멀다. 현재 우리나라는 미·중·일·러의 지정학적 주도권 때문에 지정학적 충돌의 '이념 외교'의 장이 되고 있다. 미국은 대통령 선거 눈치, 일본은 경제적 실리를 챙기고자 모두 중국 정책을 바꾸었다. 대한민국은 현실적으로 한미 군사동맹을 명확히 해야 하지만, 주변 모든 강대국과 우호 관계를 넓히면서 남북한 '평화공존의 균형 외교'가 절실히 필요한 시점이다.

국익은 정파를 우선한다. 한국은 무역의존도 75%로서 세계 2위다. 수출과 수입으로 먹고사는 나라다. 우크라이나와 러시아의 지속적인 전쟁, 중국의 경제침체, 미. 중 패권 전쟁 지속 등으로 교역이 축소되면서 한국이 가장 큰 피해를 보고 있다. 미·중

패권경쟁의 흐름 속에서 우리는 앞으로 어떤 전략과 어떤 방법론을 통해서 강대국에 치이지 않고 우리의 목소리를 당당히 낼 수 있는 나라가 되는가를 전략적으로 고민해야 한다.

대한민국은 경제력이 강한 나라, 군사력이 강한 강대국으로 성장하는 것도 중요하지만, 진정한 강대국이란 무엇인가? 표준경쟁의 규칙을 만드는 것이 강대국이고, 그 규칙에 따라 어쩔 수 없이 숙명적으로 따라야만 되는 나라가 후진국이자 약소국이다. 기존의 프레임으로는 기후변화, 저출생, 인공지능사회에 효과적으로 대응하지 못한다. 대한민국이 강대국이 되기 위해서는 낡은 규제 혁파, 기업과 노동하기 좋은 상생의 환경 구축, 4차 산업혁명 집중 육성, 보유외환 확대와 금융육성 등 새로운 변화의 혁신이 필요하다.

정치학의 최고 고전은 '마키아벨리 군주론'이다. 흔히 군주론의 핵심은 목적을 위해서는 어떠한 수단이나 방법도 허용된다는 의미로, '정치는 모든 정치적 목적을 달성하기 위해서는 수단의 반도덕적, 반종교적 행위는 정당화될 수 있다는 정치적 사고'를 뜻하는 것으로 일반적으로 '정치의 권모술수(權謀術數)'로 통용된다. 지혜의 통찰력을 가진 철인이 통치해야 이상국가를 이룩할 수 있다는 플라톤 철학이나 도덕 정치를 앞세

우는 공자·맹자의 사상만으로는 복잡한 현실의 문제를 해결할 수 없다. 세상은 인간의 '합리적 이성과 본성'에 따라 움직이는 것이 아니라, 현실의 상황 속에서 '탐욕의 인과 법칙'에 따라 움직인다는 사실에 주목하고, 정치 역시 도덕적 선악 기준이 아니라 상황에 맞게, 때로는 냉혹한 사자의 탈을 쓰고, 때로는 간사한 여우의 탈을 쓰고 정치를 펼칠 필요가 있다고 주장한다. 그러나 이러한 정치가 필요한 이유는 지도자 개인의 영달과 사리사욕이 목적이 아니라, 오로지 국가의 안전과 독립, 번영을 달성하는 것이라는 점을 분명히 하고 있다. 따라서 지도자 한 사람의 무능한 인자함 때문에 나라 전체가 혼란스럽거나, 강대국의 침략에 무너지는 약소국이 되는 것은 국민 전체를 불행하게 하는 것이므로, '지도자가 독단적이다.'라는 평가를 받더라도, 그러한 행동이 권력을 유지하고 국가의 번영을 위하는 길이라면 과감히 남들의 시선에 얽매이지 말고 행동해야 하는 것이 지도자의 역할이다.

한국의 정치적 지도자는 군주론에서 언급한 '비르투'와 '포르투나'의 정치적 능력을 갖추고 있어야 한다. 비르투(Virtu)는 정치적 선택에서 용맹과 결단의 미덕을 상징한다. 포르투나(Fortuna)는 운명을 말하는 것으로서 운명은 인간의 의지와는 별개로 변덕스러워 인간에게 행운과 불행을 예측하지 못하는 상황에서 안겨주기도 한다. 그러나 포르투나(운명)가 인간의 삶에 개입해서 고난을 준다고 하더라도, 비르투를 가지고 운명의 반을 인간의 '자유의지'로 맞서 이겨나가야 한다. 정치인은 비르투의 용맹한 '사자의 정신'과 포르투나의 변화무쌍한 '여우의 간사함'을 동시에 가지고 있어야 한다.

과연 대한민국 여의도의 300명 국회의원은 사자와 여우의 탈을 쓰고 국가적 운명을 헤쳐나갈 정치적 자질과 능력을 갖추고 있는가? 선한 국회의원은 몇 명이 있는가? 사악한 국회의원은 누구인가? 유능한 국회의원이 있는가? 무능한 국회의원은 누구인가? 진짜 선하고 유능한 국회의원은 누구인가? 또 사악하고 무능한 국회의원은 누구인가? 답은 간단치는 않다. 그러나 대한민국의 국가위기를 직시하고 새로운 미래를 열어가는 통찰력과 예지력이 있는 책임 있는 국회의원들이 국민 앞에 당당하게 나타나고 있지 않다는 것이, 작금의 우울한 정치 현실이다.

모든 민주국가는 시민의 수준에 맞는 정부를 갖는다. 역사는 단선으로만 발전하지 않는다. 굴곡이 있는 나선의 방향으로도 발전한다. 그 발전의 방향을 지도자가 제시해주어야 한다.

지도자가 제시하는 국가전략 방향에 따라 시민들은 투표로 정치적 선택을 표출한다. 민주사회에서는 유권자의 책임이 막중하다. 매년 5월 10일은 '유권자의 날'이다. 5월 10일을 국가기념일로 특정한 이유는 우리나라에서 최초로 1948년 5월 10일, 국회의원 총선거를 치른 날이기 때문이다. 행정안전부가 4년간의 국회의 심의 예산을 유권자 수로 나누어 유권자 1인 투표에 대한 가치를 계산해 본 결과, 무려 '4,700만 원'이라는 답을 추정했다. 절대 만만치 않은 민주주의의 기회비용이다. 유권자는 이 기회비용의 가치를 제대로 행사해야 한다.

책임정치의 시작은 유권자의 정치적 책임에서부터 출발한다. 최선의 유권자 선택은 항상 행동을 먼저 취하는 것이다. 행동하지 않고 후회하는 것보다는, 행동하고 후회하는 편이 낫다. 지도자는 시민의 집단 지성과 열정으로 만들어진다. 사자는 함정으로부터 자신을 보호할 수 없고, 여우는 늑대로부터 자신을 방어할 수 없다. 따라서 함정을 인식하기 위해서는 여우가 되어야 하고, 늑대를 겁먹게 하기 위해서는 사자가 되어야 한다. 지도자가 제대로 일할 수 있게 만들어주는 똑똑한 유권자가 되어야 한다는 의미이다. 민주주의라는 길이 있어 우리가 가는 것이 아니라, 우리가 함께 손을 맞잡고 어깨를 걸고 나아감으로써 민주주의 길이 새롭게 열린다는 것을 잊지 말아야 한다.

태풍의 밤. 이쌍규 씀

프롤로그 2

"작가님, 김선동 의원 알아요?"

"최루탄 김선동이요, 아니면 친박 김선동이요?"

"국민의힘 김선동."

"그분… 나오신대요?"

처음에 인터뷰 제안이 들어왔을 때 별로 진지하게 받아들이지 않았다. Political Effect 프로젝트를 진행하면서 여러 정치인과 이야기가 오가고 있다는 사실을 알고 있었지만, 실제로 성사되는 비율이 높지 않았고, 그중에는 출마할지 말지도 결정하지 않아서 '출마하게 되면 알려 드릴게요'라고 하는 분들도 계셨다. 김선동 의원에 대해서도 '이 사람 설마 진짜 출마하겠어?'라는 생각이 우선 들었다.

이유는 별거 없다. 내게는 그냥 노쇠한 친박계 정치인이라는 이미지가 강하게 박혀있었기 때문이다. 일단 친박계라고 하면 나이 먹고 감옥에 갔거나 더는 정치적으로는 회생의 기미가 없는 사람들의 모임이라는 인식이 나에게 있었다. 게다가 김선동이라는 이름도 어려서부터 많이 들어서 그가 63년생밖에 안되었고, 국회의원을 재선까지밖에 못 했다는 사실은 인터넷으로 검색해 보고서야 알았다.

의외로 김선동 의원 쪽으로부터 프로젝트를 진행하겠다는 연락을 받았다. 그때부터 자료조사에 나섰다. 일단 꾸준히 다양한 사람들로부터 쓰임을 받았다는 점이 인상 깊었다. 내가 그를 재선의원이 아닌 다선의원으로 인식했던 것이 그런 것 때문이었는지도 모른다. 끊임없이 당직을 맡는 건 국회의원급 되는 정치인이면 누구나 그럴 수 있다고 생각하지만, 놀라웠던 것은 당의 위기상황 때마다 비상대책위원장들이 찾는 인물이라는 점이었다. 솔직히 얘기해서, 김선동이라는 사람은 친박이라는 정파적 색깔도 띠고 있고, 그렇다고 대단한 대중성을 가진 것도 아니다. 하지만 비대위원장들이나 당 대표자마다 이 사람을 찾는다는 것은 정파성과 대중성을 뛰어넘을 정도로 일에 있어서는 신망받는 인물이라는 것이다. 김선동이 원내에 있든 원외에 있든 그를 찾는 이유가 무엇인지 궁금해졌다.

또 한 가지 신기했던 지점은 본인에 대한 홍보를 본인의 중앙정치 활동이 아닌 지역구 활동만을 위주로 진행한다는 점이었다. 이는 '험지'에서 정치하는 사람들의 특징이기도 하지만, 이 정도까지 지역 중심적인 홍보만 진행하는 사람은 거의 본적이 없다. 그만큼 지역 구석구석을 다니며 행사란 행사, 민원이란 민원은 다 챙기는 사람이기에 가능한 것이다. 솔직히 경기도 성남시에 사는 내가 서울시 도봉구 사정이 어떤지 알 수는 없지만, 이 사람을 만나면 대충 이 사람이 그리는 도봉구의 미래는 어떤 모습인지 정도는 알 수 있을 것 같았다.

그리고 개인적으로 YS계 출신 친박 생존자라는 점에 대해서도 궁금했다. YS를 통해 정계에 입문했는데, 친박이 되었고, 친박임에도 불구하고 지금까지 원외 당협위원장으로 살아남아 3선에 도전하는 스토리. 뭔가 특이한 궤적을 걸어온 사람에게는 어떤 사연이 있었을까?

이러한 호기심을 갖고 질문지를 구성했다. Political Effect 시리즈가 다 그렇듯 책의 1부는 김선동이라는 정치인이 생각하는 정치를, 2부는 김선동이라는 사람의 삶의 궤적을 다루기로 했다. 독자들의 이해를 도울 수 있도록 인터뷰 내용에 있어 부족한 부분은 추가 자료 조사를 통해 채워 넣거나 김선동 본인이 과거에 작성한 글들을 활용해 보완하기로 했다.

이런 계획을 세워놓고 비가 많이 내리던 2023년 6월 29일. 김선동을 만나기 위해 도봉구로 향했다.

이 책이 김선동의 정치와 김선동의 삶. 그리고 김선동의 도봉 사랑을 이해하는 데 작게나마 도움이 되기를 바란다.

2023년 8월 10일
정인성

1부

인터뷰어: **정인성**

김선동의 정치

정치인은 결국, 민심을 따라갈 수밖에 없기에

못하는 사람은 많이 혼내주시고,

잘하는 사람은 많이 칭찬해주셔야 합니다.

단순히 나는 보수니까, 아니면 나는 어느 지역 출신이니까

이런 식으로 판단하시면 안 되고요.

결국은 우리 주권자인 우리 국민 여러분도 함께

정치를 바꾸는 일에 참여를 해주셔야

정당이 바뀌고 정치가 바뀔 수 있다고 말씀드리고 싶습니다.

김선동의 정치 30년

정인성   자기소개 먼저 부탁드리겠습니다.

김선동   저는 우리 도봉구에서 18대, 20대 국회의원을 했고요.
지금은 현역 국회의원이 아니라, 원외 당협위원장 신
분으로 있습니다. 정치를 쭉 계속했으면 좋았을 텐데
제가 선거를 치르면서 '퐁당퐁당'을 하고 있습니다. 그
래서 이번엔 순서상 제가 당선될 차례이니 일할 기회
를 꼭 얻으리라 믿고 열심히 뛰고 있습니다. '우리 도
봉구를 사랑하고, 우리 대한민국의 정치를 바꾸려는
생각으로 정치를 하는 사람이다.' 이렇게 봐주시면 감
사하겠습니다.

정인성 정치는 처음 어떻게 시작하게 되셨나요?

김선동 김영삼 대통령께서 대선을 준비하실 때 정치권에서 스카우트 제의가 왔습니다. 당시에는 YS(김영삼)가 3당 합당[1]을 감행하면서 생존을 건 정치게임이 펼쳐졌습니다. 그걸 딛고 일어서서 대통령이 되셨고요. 대통령이 되신 다음에는 문민시대文民時代를 열어가셨는데, 그때 대통령과 함께 5년 동안 청와대 정무비서실에서 행정관으로 국정에 참여할 기회를 얻게 됐습니다.

정인성 왜 정치를 하게 되셨습니까?

김선동 제가 어려서 세상을 처음 접할 때는 우리나라가 굉장히 약소국이었습니다. 후진국이라고도 하고요. 요즘

---

1 **3당 합당**. 1990년 1월 22일 발표되어 그해 2월에 집권당인 노태우의 민주정의당과 야당인 김영삼의 통일민주당, 김종필의 신민주공화당이 합당하여 거대 여당인 민주자유당이 탄생한 사건이다. 국민의힘은 여기서 탄생한 민주자유당의 후신이다. 3당 합당의 여파로 13대 총선에서 비롯된 여소야대는 약 2년 만에 도로 여대야소가 되었고, 김대중의 평화민주당은 유일한 원내 야당으로 남았으며, 이전까지 호남 vs PK vs TK vs 충청도의 4자 구도로 이어져 왔던 지역정치 구도가 순식간에 호남 vs 비(非)호남으로 단순화되면서 정치적으로 호남 지역이 상당 기간 고립되었다.

김선동의 동문동답

젊은 친구들은 들어보지 못했겠지만, 보릿고개라고 있었습니다. 전년도에 수확한 쌀이 다 떨어지면 먹을 게 없으니까 보리가 다 익기도 전에 미리 수확해서 그걸 쪄먹으며 곡기를 중간에 해결하는 어려운 시절을 보릿고개라고 하죠. 그런 시절을 보내면서 우리나라가 좀 더 잘 사는 나라가 됐으면 좋겠다는 생각을 했습니다. 또한, 우리가 분단되어 있다 보니 그걸 빨리 극복해서 통일도 되고 그런 강한 나라가 됐으면 좋겠다. 이런 꿈이 저한테 있었거든요.

그런 나라와 관련된 일을 해봤으면 좋겠다고 어렸을 때부터 생각을 해왔던 것이 지금까지 온 것 같습니다. 대학교도 그런 꿈을 실현할 수 있는 정치외교학과로 들어갔어요. 정치학을 전공한다고 해서 다 정치를 하는 건 아닌데 저는 나라의 미래를 챙기는 그런 일을 할 수 있었다는 측면에서 참 행운아였다고 생각합니다.

정인성 젊은 나이에 큰 기회를 부여받으신 거네요. 그때 당시에 뜻을 같이하셨던 분들은 아직도 정치권에 계시는가요?

김선동 많이 흩어졌어요. 일부는 정치권에 남아서 여의도연구원[2]에서 정책을 연구하기도 하는데요. 정치 현역으로는 현재 저만 남아있습니다.

정인성 왜 YS였나요?

김선동 제가 82학번인데, 그 당시에 사회의 대단히 큰 화두는 정치의 민주화였습니다. 당시에 김영삼 대통령의 상도

---

2 **여의도연구원.** 국민의힘 산하의 정책연구소로 국내 최초의 정책연구원이기도 하다.

동계와 김대중 대통령의 동교동계가 민주화운동의 두 큰 축으로 있었어요.[3] 두 분 중에서 민주화가 순리적으로 진행되고, 중도층을 끌어안을 수 있는 이념적 스펙트럼을 갖춘 인물이 YS 대통령이 아니었나 하는 생각을 했고요. 또 인연이 그렇게 닿아서 정치에 입문하게 됐습니다.

---

3   김영삼은 서울특별시 동작구 상도동에 반대로 김영삼의 라이벌이자 동지인 김대중은 서울특별시 마포구 동교동에 거주하였기에 그들을 따르는 세력을 상도동계, 동교동계로 각각 불렀다.

정인성 YS의 리더십에 대해서 평가해보신다면?

김선동 YS 대통령은 시대정신時代精神을 읽을 줄 아는 분이라
생각합니다. 시대정신을 위해 당신의 목숨을 던지는
것도 주저하지 않으셨죠. 군부독재 앞에 굽히지 않고
단식투쟁도 하셨고요. 민주화에 대한 철학과 대한민국
이 나아갈 방향에 대한 확고한 소신으로 정치를 하셨

고, 실제로 집권하고 나서도 그 미션을 완수하기 위한 실질적 성과를 많이 내셨습니다. 대표적인 것이 하나회를 숙청한 것이었죠. 당시에는 대한민국을 지배하다시피 한 정치세력인 군부의 하나회[4]를 건드린다는 것은 그야말로 목숨을 걸어야 하는 일이었습니다. 그걸 전광석화처럼 해치우셨죠. 금융실명제[5]도 마찬가지입니다. 우리 대한민국이 과연 해낼 수 있을지 의문이 들었던 정책들을 전격적으로 단행하셨어요. 물론, 임기 후반에 IMF 사태를 맞이하는 바람에 많이 평가 절하돼 있었는데, 이제는 다시 김영삼 대통령의 리더십에

---

4 **하나회.** 대한민국 육군 내에 있었던 비밀 사조직. 전두환과 노태우가 중심이 되어 그들의 육군사관학교 11기(51년 입학, 55년 임관) 동기들과 후배들을 구성원으로 하여 비밀리에 결성되었고, 친목회로 출발한 이 조직은 60년대 군사 정권이었던 박정희 당시 대통령의 배후 속에 성장해 나갔다. 김영삼의 문민정부가 들어서고 1993년 전격적으로 숙청작업에 나섰고 1994년까지 1년여간의 숙청작업 끝에 사실상 해체되었다.

5 **금융실명제.** 금융기관에서 가명 혹은 무기명에 의한 거래를 금지하고 실명임을 확인한 후에만 금융거래가 이루어지도록 하는 제도이다. 1993년 8월 12일에 김영삼 대한민국 대통령이 『금융실명거래 및 비밀보장에 관한 대통령 긴급재정경제명령』을 발동하여 같은 내용을 법률로 확정한 『금융실명거래 및 비밀보장에 관한 법률』이 1997년 12월 31일 공포될 때까지 약 3년 5개월간 대통령의 긴급재정경제명령 체제로 금융실명제를 실시했다. 민주화 쟁취 이후 유일무이한 긴급명령으로 하나회 숙청과 더불어 김영삼 대통령의 최고 업적으로도 꼽힌다.

대한 재평가 작업이 진행되고 있어서 다행이라고 생각합니다.

정인성 시대정신을 말씀하셨는데, 지금 우리가 살아가는 현재의 시대정신은 무엇이라고 생각하시나요?

김선동 아까 말씀드렸다시피 정치민주화가 시대정신이었을 때가 있었죠. 그다음으로는 경제민주화[6]가 시대정신이 되었습니다. 하지만 현재에는 우리가 다음으로 추구해야 할 가치나 시대정신이 무엇이냐를 둘러싼 시대담론時代談論이 제대로 형성되어 있지 않은 것 아닌가 생각해봅니다.

저는 '문화경제화'라는 것을 말씀드리고 싶은데요. 정치 민주화나 경제민주화가 어떻게 보면 우리 내부의 밥그릇 싸움의 개념일 수 있습니다. 하지만 문화라는 건 국경이 없는 것 아니겠습니까? K-Pop, K-Drama,

---

6 **경제민주화.** 다양한 경제 관계에 있어서 경제주체 간의 조화, 즉 갈등하고 충돌하는 가치들 상호 간 조화의 실현을 의미하며, 그 원칙적 방법 역시 민주주의에 있음을 의미한다.

K-Culture 이런 것들이 전 세계적인 주목을 받고 있지 않습니까? 우리 국민의 정말 훌륭한 DNA와 함께 뻗어나갈 수 있는 분야가 저는 문화라고 생각하고, 그 문화가 곧 경제적으로도 우리의 미래를 열어가는 데 굉장히 중요한 분야가 될 것으로 생각합니다. 우리 정치가 이런 미래를 얼마나 잘 대비하고 열어 가느냐가 매우 중요하게 될 것입니다.

정인성 시대담론을 말씀해 주셨는데, 비전을 현실화하기 위한 정책들이 수반되어야 하지 않겠습니까? 말씀하신 '문화경제화'를 위해 필요한 정책들은 어떤 게 있을까요?

김선동 우리가 과거에 현대자동차가 수출로 국가 경제에 크게 이바지하지 않았습니까? 그런데 미국의 〈캣츠(Cats)〉라는 뮤지컬이 벌어들이는 돈이 현대자동차 수출보다 수익이 더 많았어요. 이제는 전 세계가 우리나라 K-Culture를 굉장히 주목하고 있어요. 저는 우리 문화예술인들이 세계와 통하는 그런 DNA를 가지고 있다고 생각합니다.

하지만 우리가 그들의 아이디어나 능력을 구현할 수 있는 인프라를 제대로 갖추고 있지 못합니다. 우리가 한류의 본고장이라고 하는데, 우리 대한민국의 수도 서울에 오면 한류 공연을 상시로 볼 수 있는 상설 공연장 하나 제대로 된 게 없습니다.

또한, 서울에 25개 구청이 있지 않습니까? 그러면 25개 구청을 그냥 이렇게 둘 것이 아니라, 서울시 차원에서 각 기초자치단체와 같이 1월부터 12월까지 한 달에 2개 구씩 축제를 열 수 있어요. 이걸 관광 상품으로 개발해서 관광객들을 각 구에 유입될 수 있도록 유도하면 지역의 문화예술인들도 지속 가능한 경력을 쌓을 수 있고, 세계로 뻗어나갈 기회가 만들어질 수 있을 겁니다. 그 과정에서 지역경제도 활성화될 것이고요.

정인성 젊은 나이에 정치권에 들어오셔서 지금까지 하고 계신데, 정치를 처음 시작하셨을 때와 지금의 정치를 비교했을 때 가장 많이 달라진 점은 뭐라고 생각하시나요?

김선동 제가 처음 정치에 입문했을 때만 하더라도 민주화 세력이 상도동과 동교동으로 갈려 있었고, 여야가 공식적인 자리나 카메라 앞에서 서로 대립하고 갈등하는 모습을 보였어요. 하지만, 그 이면에는 서로에 대한 인간적인 존중이 깔려 있었습니다. 그 때문에 앞에서는 싸우지만, 서로의 처지를 이해하고, 논의하고, 협력하는 그런 문화가 정착되어 있었던 거죠. 그런데 요즘은 그런 문화가 사라지고 너무나 삭막해진 게 아닌가 생각합니다.

서로를 향한 공격도 수위가 점점 세지다 보니 넘지 말아야 할 선도 지키지 않게 되고요. 그런 적대적인 관계로까지 치닫게 될 정도로 서로에 대한 인간적인 존중

이 사라진 것입니다. 그런 정치풍토로 변해버린 것이 너무나도 아쉽죠.

정인성 그런 환경이 조성된 원인은 뭘까요?

김선동 우리 역사의 흐름 속에서 선과 악을 구분하던 단순한 시대가 있었습니다. 군부독재는 타도의 대상이었어요. 다른 한쪽에서는 우리가 민주화라는 과제를 조금은 유보하더라도 경제를 발전시켜야 하겠다는 세력이 있었습니다. 그런 시대적인 흐름 속에서 서로 적대시하는 태도가 그 시작이 되었다고 보는데요. 여기에 민주화 세력도 상도동과 동교동이 서로 분열되고, 3당 합당 이후에는 여야로 나뉘어서 대립하게 되는 과정에서 같은 민주화를 추진했던 세력조차 지역으로 나뉘고 거기에 이념적인 성격까지 배태되면서 진보와 보수의 진영으로까지 분화되는 이런 과정들이 우리 정치를 자꾸만 대립과 갈등의 관계로 몰아간 정치사적인 배경이 되지 않았나 생각이 들어서 어떤 책임감과 미안함마저 듭니다.

정인성 상도동, 동교동 하면 지금 우리 정치의 어른들이잖아요. 그런 리더십이 아쉽다는 말씀인 거죠?

김선동 네. 어떻게 보면 제가 마지막 남은 상도동계 정치인이 아닐까 싶은데요. 그 때문에 제가 박근혜 대통령을 모실 때도 대선 당시 동서문제를 정리하고자 동교동에 있는 김홍일 의원님 사저까지 찾아갔었어요. 그때 김홍일 의원께서 의사 표현을 잘 못하시는 상태다 보니 펜으로 무언가를 써보려고 애쓰셨지만, 그 또한 여의치 못했습니다. 그래도 제 손을 꼭 잡고 제게 당신의 마음을 전달해 보려 애쓰시던 김홍일 의원님의 모습이 기억이 납니다.

민주화를 위해서 같이 뛰었던 그런 세력들조차 이렇게 갈라져서 반목하는 슬픈 역사를 우리가 이제는 청산해야죠. 그게 우리 후대를 위한 역할이라 생각하고요. 그것을 다시 결합하고 융합하는 정치의 흐름을 만들어내야 한다고 생각합니다.

정인성 그러면 소속 정당인 국민의힘 같은 경우에 가장 많이 달라진 점이 무엇이라 생각하십니까?

김선동　우리 정치가 더 나은 미래로 나아가기 위해서 변화하고, 발전하고, 진화해야 하는 것이 마땅한데, 우리 국민의힘이나 더불어민주당이나 어떻게 보면 거꾸로 퇴행하고 있다고 생각합니다.

보수로 대표되는 우리 국민의힘은 과거에 민주화라는 가치를 유보하더라도 굉장히 유능했습니다. 그래서 국가산업과 경제의 미래를 쭉 설계해오고, 국민연금이다 의료보험이다 하는 사회안전망까지 선제적으로 만들어가면서 끌어왔거든요. 그런데 우리가 정권을 잃으면서 그 유능함이 사라졌습니다. 보수가 그동안 내세울 수 있었던 가장 큰 장점이 유능함인데 그 장점이 없어진 거죠.

진보진영, 지금의 더불어민주당 쪽을 보더라도 마찬가지죠. 진보진영이 그동안 내세웠던 장점은 민주성과 진보성인데 과연 문재인 대통령이 집권하고서 민주적이고 진보적인 국정운영행태를 보였느냐? 그러지 못했죠. 민주주의를 내세우며 집권했는데 오히려 권력을 완전히 독점했거든요. 진보성의 측면에서 보더라도

'내로남불'이라는 단어가 임기 내내 등장할 정도로 도덕적으로 퇴행했습니다.

국민의힘은 유능함을, 더불어민주당은 민주성과 진보성을 상실한 상태가 된 거죠. 그래서 양당 모두가 과거의 장점을 하루빨리 되찾아야 하는 숙제를 안고 있다는 문제 인식을 갖고 있습니다.

여당 안에도
야당이 필요하다

정인성 지금 총선을 1년도 남기지 않은 상태에서 각 당이 민
심보다는 코어 지지층에 호소하는 지도부를 선출했잖
아요. 그게 선거에는 어떤 영향을 미칠 것이라 보시나
요? 그게 끝까지 지속 가능할 거라 보시나요?

김선동 저는 지속 가능할 거라 보지 않습니다. 현재 22대 공천
과정에서 양당이 이래서는 안 된다는 국민적인 합의가
이미 형성되었다고 생각해요. 그걸 지금 양당 지도부
가 모르고 있을 뿐이죠. 그래서 개혁공천이 얼마나 성
과를 내느냐, 그것에 따라서 국민의 심판을 받게 될 것
이고요. 우리 정치가 다시 진화하고 본래의 좋은 모습

으로 돌아갈 수 있는 틀이 갖춰지느냐 마느냐의 분기점이 될 거로 생각합니다.

정인성 과거에 소장파라고 분류되었던 민본21에서도 활동하셨는데요. 민본21[7]이 무엇인지 소개 부탁드리겠습니다.

김선동 우리가 18대 국회에 등원했을 때가 이명박 대통령 정부 시절이었어요. 그때 당시에 개혁성향의 한나라당 소장파 의원들, 초선의원들이 하나로 뭉쳐서 만든 단체가 민본21입니다. 우리가 집권 여당의 국회의원들이지만 그 안에서 야당의 입장도 대변하고, 국민의 뜻을 대변하는 그런 준거집단[8]의 노력을 하자고 만든 거죠. 그래서 이명박 청와대와 상반된 요구도 많이 했고요.

---

7 **민본21.** 2008년 9월 4일 발족한 한나라당 내 18대 초선의원 모임이다. 권영진, 권택기, 김선동, 김성식, 김성태, 김영우, 신성범, 윤석용, 정태근, 주광덕, 현기환, 황영철 등 12명이 발족하였다. 국가 경쟁력과 사회적 안전망 강화의 균형 있는 추구와, 새 정부의 올바른 국정 수행을 위한 건강한 문제제기를 목적으로, '일하는 국회, 한나라당의 미래지향적 변화'를 표방했다.

8 **준거집단.** 개인이 행동하는 데 있어 그 행동 방향에 결정적인 영향력을 갖는 집단규범을 갖춘 집단, 즉 개인이 판단을 내릴 수 없는 문제에 부딪혔을 경우 참고로 하여 그 판단의 근거로 삼는 가치 기준 또는 이데올로기나 행동 원리 같은 것을 갖춘 집단이다.

국정쇄신에 대해서도 강하게 요구했습니다. 사실, 여당 내에서 야당 역할을 한다는 게 굉장히 힘든 거거든요. 소리소문없이 우리의 정치적인 지위가 상실될 수도 있고요. 하지만, 당시에 그런 것들을 감수하는 용기를 내어서 합리적인 성과도 많이 냈습니다. 그 당시에 함께 했던 분들이 우리 김성식 의원, 권영진 의원, 정태근 의원, 주광덕 의원, 그리고 박민식 현 보훈부장관 같은 분들이 계셨죠. 그런 역할을 하는 사람들이 여든 야든 존재해야 우리 정치가 건강해질 수 있다고 믿습니다.

정인성 당내개혁을 외친다는 것이 어느 쪽이든 '내부총질'이라해서 미운털 박히기 딱 좋잖아요. 강성지지자들로부터 공격도 많이 당하고. 요새는 과거의 민본21처럼 목소리

를 내는 사람들이 당내에 많이 있다고 보시나요?

김선동 저는 우리 국민 여러분과 언론이 자기 정치를 하기 위해서 내는 목소리와 당과 정치의 발전을 위해 내는 목소리를 구분하실 수 있다고 생각합니다. 하지만 현재의 정치지형에서는 후자의 목소리를 내기가 쉽지 않아요. 과거 저희가 초선의원 시절에 민본21이라는 것을 만들어서 주목도 많이 받고 건강한 목소리를 내는 집단으로 기억될 수 있었던 것은 어느 정도 정치적인 준거집단으로서 활동했기 때문이에요. 준거집단으로서 활동하지 않고 파편화된 개인으로 목소리를 내면 그게 자기 정치를 하려는 건지, 당과 국민을 위한 목소리를 내는 건지 구분하기가 어렵습니다. 지금은 양당에 그런 집단이 존재한다고 보기는 어렵죠. 그래서 22대 국회에 제가 들어가게 된다면 중진으로서 그런 역할을 하는 한 축을 담당해야 하겠다는 생각을 하고 있습니다.

정인성 앞서 개혁공천 여부가 우리 정치의 분기점으로 작용할 것이라고 하셨는데요. 개혁공천이라는 것이 무엇인지 정의를 내려주시겠습니까?

김선동 지금처럼 서로 진영논리에 충실한 사람들로 후보들을
채우면 그건 각자의 진영만 강화하는 공천이 되겠죠.
제가 말씀드리는 개혁공천이라는 건 진영과 관계없이
대한민국에 필요한 인재들을 큰 틀에서 포용하며 미래
를 위한 청사진을 그리는 공천입니다.

지금은 세계질서가 급격히 개편되고 있는 시점이고 경
제의 흐름도 급격하게 변화하고 있는 시점인데요. 우
리 정치가 그 속에서 지속 가능한 경제, 지속 가능한
발전, 그리고 먼 훗날 한반도의 통일을 예비할 수 있는
미래를 그리기 위해서는 그것을 대비할 수 있는 집단
이 될 수 있도록 공천해야죠.

이건 공천과는 조금 다른 이야기인데, 누가 국회에 입
성하게 되든 의회 상임위 구성을 여야가 함께 손봐야
한다고 봅니다. 가령, 지난 21대 국회에서 상임위를 구
성하는 과정에서 누가 법사위를 갖느냐, 상임위를 몇
개로 나누느냐를 갖고서 한동안 여야가 굉장한 신경
전을 펼쳤습니다. 핀란드에는 미래위원회라는 게 있는
데요. 우리도 그런 미래위원회를 상설위원회로 만들어

서 정쟁을 뒤로하고 한반도의 미래를 예비하는 활동에 집중하도록 할 수 있지 않을까 생각합니다. 그 생각을 제 페이스북에도 올린 적이 있었는데, 우리 정치를 개조하기 위해서는 누가 국회에 들어가느냐 뿐만 아니라 들어간 의원들이 활동할 수 있는 틀을 어떻게 바꾸느냐도 함께 고민해야 한다고 생각합니다.

핀란드의 미래위원회

의원내각제인 핀란드에서는 법률에 따라 총리가 임기 시작 2년 이내에 '정부미래 보고서'를 작성해 의회에 제출하도록 하고 있다. 16개 상임위 중 하나인 미래위원회는 이 보고서에 대한 국회의 견해를 보고서로 작성·발표할 뿐 아니라 정부와 민간 연구기관들과 함께 핀란드의 미래전략을 연구하고, 이를 정치적 의사결정의 토대로 반영토록 한다. 이 과정에서 정당 간 생각이 서로 다른 경우라 해도 전문가 자문과 토론을 통해 합의된 보고서를 채택하기 때문에 정권이 바뀌어도 미래전략과 정책은 유지된다.

미래위원회는 1993년 임시위원회로 처음 설립된 후 2000년에 상임위원회로 전환되었다. 다른 상임위와 달리 법안을 심의하거나 예산을 심사하는 위원회가 아니고, 독자적인 소관법안이 없지만 동시에 모든 정책영역을 소관 사항으로 한다. 미래위원회의 위원들은 전문가·기업가·정책결정자뿐만 아니라 국민 전체의 의견을 지속해 청취하고 거기에서 얻은 아이디어를 의회에 전달하여 이것이 새로운 혁신적인 법안으로까지 이어지도록 노력하며 수 많은 세미나와 워크숍, 연구프로젝트들을 진행한다.

우리나라도 이런 미래위원회를 국회 상임위로 만들어야 한다는 주장이 오래전부터 제기되었고, 국회차원에서 추진된 적도 여러 차례 있지만, 무관심 속에 무산되었다. 의원들이 미래위원회의 필요성에는 공감하면서도 법안 하나 통과시키지 못하고, 지역발 전에 직접적인 도움도 안 되며, 언론의 주목도 받기 힘든 상임위 에 누가 들어가고 싶겠는가에 대한 문제를 해결하지 못한 것이 크다.

김선동이 생각하는
정치 & 정치인

정인성 평생을 정치인으로 살아오셨는데, 정치인은 무엇을 하
는 사람이라고 소개해주고 싶으신가요?

김선동 국회의원이라는 게 영어로 하면 로 메이커(Law Maker.
입법자)라 할 수 있죠. 법을 만드는 사람입니다. 입법기
관이니까. 그것에 더해서 정치인이라 하면 갈등을 조
정하는 역할도 할 수 있어야 합니다. 그것을 못 하고
갈등을 오히려 조장한다면 정치인이 제 역할을 못 한
다고 볼 수 있죠. 또한, 국민 모두를 대표해야 하는 역
할도 있습니다. 모두를 대표한다는 것은 제대로 보호
받지 못하는 소수의 약자를 챙기고 대변해주는 역할까

지도 정치인이 해야 한다는 겁니다. 그 모든 역할을 해내야 하는 것이 정치인이라 생각합니다.

정인성 그렇다면 정치인이 가져야 할 필수 덕목을 꼽는다면 무엇이라 하시겠습니까?

김선동 〈군주론〉[9]이라는 책을 쓴 마키아벨리(Machiavelli)라는 분이 있습니다. 그분이 이야기한 것 중 두 가지 덕목이 하나는 비르투(Virtu), 그리고 다른 하나는 포르투나(Fortuna)입니다. 비르투는 우리 식으로 표현하자면 일종의 역량을 의미하고, 포르투나는 미래, 운명을 이야기하는 겁니다. 저는 정치인이라면 대한민국 국민을 위해서 제대로 된 문제인식을 가지고 나라를 이끌어가는 능력과 더불어 미래를 준비하는 역량이 있어야 한다고 생각합니다. 그래서 비르투와 포르투나 그것이 정치에서 가장 중요한 덕목이라고 생각합니다.[10]

---

9 **군주론.** 이탈리아의 외교관이자 정치철학자인 니콜로 마키아벨리가 저술한 16세기의 정치학 저술이다.

10 군주론에서 마키아벨리는 남의 역량과 힘이 아닌, '자신의' 역량(비르투; virtu)과 힘(법과 군대)으로 운명(포르투나; fortuna)을 통제함으로 정치적 문

정인성　우리 국민이 정치인들을 바라보는 시선이 곱지 못한 건 그런 분들이 많이 안 계셔서 그런 것일까요?

김선동　그게 반은 맞고 반은 아니라고 생각합니다. 우리 정치인들이 국민 여러분께 노출되는 모습이 맨날 싸우고 정쟁하는 모습들 뿐이거든요. 그게 기삿거리가 되니까요. 하지만 진지하게 어떤 시대정신을 공부하고 논의하는 모습은 그것을 보도해 줄 수 있는 그런 환경이 잘 안 되어 있어요. 그러다 보니 정치인들도 기삿거리가 될 만한 활동에만 집중하게 되고요. 결과적으로 국민의 정치혐오가 점점 심화하는 악순환이 반복되는 것입니다. 이 악순환의 고리를 끊으려면 정치권에서 변하는 방법밖에는 없어요. '우리 정치가 달라져야 한다. 여야가 이슈를 공유하고 함께 문제를 해결해야 한다.' 이런 공감대를 가진 정치인들이 22대 국회에 진출을 많이 해야겠죠.

정인성　늘 욕먹는 직업을 갖는다는 것이 쉽지는 않을 것 같은

제를 해결할 것을 촉구하면서, 그러기 위해서 필요(네체시타; necessità)에 의해서 비도덕적인 정치 행동을 할 때도 있어야만 한다고 주장한다.

김선동의 동문동답

데요. 국민이 정치인에 대해 가진 가장 큰 오해가 있다고 하면 어떤 걸 꼽으시겠습니까?

김선동 흔히 국민께서 말씀하실 때 정치하는 사람들 그러면 통틀어서 전부 다 '도둑놈들!' 이러시잖아요. 하지만 결국 누군가는 정치를 해야 해요. 아무리 다 똑같은 사람들처럼 보이고 그래서 잘못을 꾸짖더라도 한편으로는 잘하는 정치인들에 대해서 격려해주고 그런 사람들을 발굴하려는 노력도 함께 진행되는 것이 중요하거든요. 그래서 한 손에는 몽둥이를 드시더라도 다른 한 손에는 당근을 들고, 잘하는 사람들 보면 손뼉도 쳐주시고 하다 보면 다른 정치인들도 박수받기 위해서라도 좀 잘하고자 더 노력하지 않을까 생각합니다. 그래서 더 많은 국민분이 정치에 더 관심을 두시고, 들여다봐주시고, 분석도 해주셔야 해요. 정치인은 결국, 민심을 따라갈 수밖에 없기에 못하는 사람은 많이 혼내주시고, 잘하는 사람은 많이 칭찬해주셔야 합니다. 단순히 나는 보수니까, 아니면 나는 어느 지역 출신이니까 이런 식으로 판단하시면 안 되고요. 결국은 우리 주권자인 우리 국민 여러분도 함께 정치를 바꾸는 일에 참여를 해주셔야 정당이 바뀌고 정치가 바뀔 수 있다고 말씀드리고 싶습니다.

정인성 혹시 존경하는 정치가 혹은 정치인이 있다면 누구를 꼽으시겠습니까?

김선동 저는 백범白凡 김구金九 선생님을 정말 존경하고 좋아해 왔습니다. 현실 정치라는 측면에서 실패한 지도자라는 평가도 있지만, 저는 정치가라면 이상理想을 추구할 수 있어야 의미가 있다고 생각합니다. 또한, 민족의 통일을 위해서 끝까지 노력하시는 모습과 숭고한 민족주의자로서의 열정과 신념을 굉장히 존경합니다. 김구 선생님께서 하신 말씀 중에 이런 말이 있습니다.

"우리는 개인의 자유를 극도로 주장하되, 그것은 저 짐승들과 같이 저마다 제 배를 채우기에 애쓰는 자유가 아니다. 제 가족을, 제 이웃을, 제 국민을 잘살게 하기에 쓰이는 자유다. 공원의 꽃을 꺾는 자유가 아

나라 공원에 꽃을 심는 자유다."[11]

자유는 누구에게나 있죠. 하지만 그것이 어떤 자유냐가 중요합니다. 꽃을 꺾는 자유가 아닌, 꽃을 심는 자유가 만개한 그런 세상을 만들고 싶어 하신 거예요. 우리가 자유랑 방종을 흔히 혼동합니다. 방종은 책임을 지지 않죠. 그 어른께서는 그 당시에도 굉장히 성숙한 자유에 대한 관념과 그런 희망을 표출하셨어요. 그런 말씀이 굉장히 인상적이었습니다.

또, 제가 문화경제화라는 시대적인 담론이 필요하다고 말씀을 드렸잖아요. 백범 김구 선생님께서도 식민지 시대에 살면서도 진정으로 바라는 것은 **"군사력이 강한 나라도 아니고, 경제력이 강한 나라도 아니고, '높은 문화의 힘'을 가진 나라"**라고 하셨거든요.[12] 이건 대단한 선견지명先見之明과 혜안慧眼이 아닐 수 없죠. 이

11　백범일지.

12　"나는 우리나라가 세계에서 가장 아름다운 나라가 되기를 원한다. 오직 한 없이 가지고 싶은 것은 높은 문화의 힘이다. 문화의 힘은 우리 자신을 행복되게 하고, 나아가서 남에게 행복을 주기 때문이다". 백범일지 中

런 점들이 제가 백범 선생님을 존경하고 높게 평가하는 이유입니다.

정인성 그렇군요. 조금 의외이긴 합니다. 국민의힘 정치인의 입에서 백범 김구 선생님을 존경한다는 말씀이 나올 거라고는 전혀 생각지 못했네요.

김선동   물론, 오늘날 대한민국을 만드는 데 큰 역할을 하신 분을 꼽으라고 한다면 이승만 대통령이 나라를 세우시는 역할을 하셨고, 박정희 대통령께서도 공과功過가 있으십니다만 가난으로부터 이 나라를 해방하셨다는 말씀들을 많이 하시죠. 하지만 이런 현실적인 노력과 성과 외에도 이상을 잃어버리면 안 된다고 생각합니다. 그런 측면에서 백범 선생님이 추구하셨던 그런 가치, 또 그리고 민족통일을 바라시는 그런 숭고한 이념. 그것은 아무리 각자의 이념이나 가치의 여부와 상관없이 부정되어서는 안 되는 것으로 생각합니다.

정인성   혹시 정치인으로서 달성하고자 하시는 목표가 있으시다면?

김선동   우리 정치가 현실을 개조하고 미래를 그려나가는 데 이바지하는 정치인이 되고자 합니다. 많은 국민이 우리 정치를 보면 여야가 하고많은 것 중 서로 견해가 다른 것들만 골라서 늘 싸우려고만 들죠. 그런 현상이 일어나는 이유를 저는 여야 모두 비전과 콘텐츠가 부재하기 때문이라고 진단합니다. 예를 들어서 저쪽 당에서 '나는 A를 할 거야'라고 하면 다른 당에서 제대로 준비가 되어있다면 '그래 A도 좋다, 우리는 B를 해볼게'라고 하면 건설적인 대화가 가능해지죠. 싸울 이유도 없고요. 그런데 여야가 그런 준비가 안 되어 있다 보니 하고 많은 일들 중에 어쩌면 그렇게 딱 싸울 일만 찾는 겁니다. 우리가 월요일에 보면 양당이 회의하지 않습니까? 그러면 딱 신문에 나왔던 얘기들 갖고 당 대표, 원내대표, 최고위원들이 그거 갖고 얘기합니다. 말만 조미료를 조금 쳐서 강하게 하는 거죠. 그러면 그거를 또 대변인들이 받아서 공해와 같은 언어로 더 강하게 얘기합니다. 그러면서 국민을 서로 갈라놓으려 애쓰죠. 그런 현상이 지금 계속 반복되는 겁니다. 그게 대체 무슨 도움이 되겠습니까?

그래서 저는 대변인 제도도 없었으면 좋겠어요. 이건 제가 실제로 당에 건의한 내용이기도 한데요. 정책 대변인이라 해서 당이 추진하는 정책에 관해 설명하는 정책 대변인제를 운용함으로써 기존의 대변인제를 대체하는 거죠. 그렇게 되면 각 당에서 정책을 준비하지 않을 수가 없게 될 겁니다. 뭐가 준비되어있어야 국민에게 할 말이 생길 테니까요. 우리 정치가 그런 변화들을 하나하나 만들어 내다보면 하나의 큰 물줄기를 형성하게 되지 않을까 생각합니다.

정인성 현재는 국회의원이 아니시고 야인野人이신데, 야인으로서는 어떤 식의 노력을 해나가고 계시는가요?

김선동 현역 국회의원이 아니기 때문에 당의 공식적인 회의체나 기구에 참여해서 주장할 수 없죠. 그래서 우회적으로 당 지도부와 접촉하거나 어떤 포럼 등에서 강연을 통해 우리 정치가 나아가야 할 방향에 관해 이야기를 풀어내고 있습니다. 가령, 지금 우리 당 김기현 대표에게 한번 시간을 내달라고 해서 제가 가진 생각을 말씀드리기도 하고요. 우리 정책위의장에게 정책적으로 필요하다고 생각되는 내용을 문자로 보낼 테니 검토해달라는 식으로 얘기하죠. 그렇게 할 수밖에 없습니다. 만약 이번에 3선이 된다면 조금 더 현실적이고 효율적으로 일할 기회가 주어질 것으로 생각합니다.

정인성 본인의 소신과 당의 방향이 다르거나 지역의 민심과 다를 수도 있잖아요. 그럴 때는 어떻게 풀어내려고 하는 편이신가요?

김선동 구체적인 사안마다 의견이나 입장이 다 다른데 100% 어느 한쪽이 옳다고 하는 건 어폐가 있다고 생각합니다. 우리 국회의원들이 현실적으로 항상 국가 중심으로 본다, 혹은 지역 중심으로 본다 이렇게 얘기할 수도 없고요. 좋은 정치인이라면 그 균형이 어디인가를 볼 수 있는 안목과 자신만의 원칙을 갖고 행동하겠죠.

어떤 분께서 제게 문자를 한 통 보내주셨더라고요. 그 문자가 두 구절인데 '태산泰山같은 중심中心, 한결같은 진심眞心'이었어요. 그런 정치인이 되라는 응원의 메시지를 제게 보내주신 겁니다. 우리 정치인들이 국가적인 입장, 개별적인 입장, 지역의 입장, 중앙정치의 입장 등등 다양한 입장들 속에서 '태산같은 중심, 한결같은 진심'을 갖고 정치를 해나가야 한다고 생각합니다.

1부 김선동의 정치

22대 총선을 말하다

정인성 총선 이야기를 좀 해보겠습니다. 다음 총선은 어떤 식으로 준비하고 계시는가요?

김선동 제가 우리 지역에서 20여 년을 지역 구민들과 함께했기 때문에 어떻게 보면 검증은 다 받은 사람이에요. 그래서 지금 제가 어느 순간에 더 열심히 하네, 뭐 하네, 이런 것보다 제가 평소에 일하는 모습들로 평가받을 것으로 생각합니다. 실제로 GTX-C 노선이라던가 경전철 문제 같은 지역 현안의 경우에도 제가 국토부 장관, 환경부 장관을 통해서 설득해냈던 것처럼 현역에 있지 않더라도 챙겨야 하는 지역 현안들이 많거든요.

주민들과 함께 지역발전을 위해서 뛰고 있는 모습 그
대로 평가해주실 것이라 믿고요. 또, 중앙 무대로 가게
되면 우리가 해야 할 일들도 하나하나 준비된 것들을
풀어서 유권자 여러분들에게 설명해 드려야죠. 쉴 틈
이 없습니다.

정인성 어떻게 보면 배지의 유무와 관계없이 쉴 수가 없는 거
네요.

김선동 팔자가 그런 것 같아요. 원래 야당 원외가 되면 현역
의원이 잘하시는가 지켜보고, 잘하면 밀어주고, 잘못

하면 문제를 지적하면 그만이에요. 하지만 저희가 지금은 그럴 형편이 못 됩니다. 왜냐하면, 지금 저희가 정권을 잡았고, 서울시장도 우리 쪽이에요. 그러니까 잘못된 것이 있으면 저희가 직접 뛰어들어서 바로잡을 수밖에 없어요. 그래서 원외지만 현역 이상의 역할을 수행 해야 하는 그런 위치에 있죠.

정인성 혹시 현행 선거제도에 관한 생각이 있으신가요? 매번 선거를 앞두고 선거제도와 관련된 이야기들이 스멀스멀 나오는 것 같아요. 예를 들어서 비례대표제[13]를 이렇게 해보겠다. 아니면 의원 정수를 어떻게 한다. 혹시 선호하는 선거제도나 생각해보신 선거제도 개선방안이 있으신가요?

김선동 중대선거구제[14]가 대안으로 많이 제기됐었는데, 중대

---

13 **비례대표제.** 정당의 득표율에 비례해 당선자 수를 결정하는 선거 제도로, 각 정당을 지지하는 유권자의 비율을 의회 구성에 반영하기 위해 생겨난 제도이다.

14 **중대선거구제.** 하나의 선거구에서 1명의 후보를 뽑는 소선거구제하고는 달리 광역선거구 단위로 행하며, 하나의 선거구에서 2명 이상의 당선자를 선출하는 대선거구제의 일종으로, 보통 특별시, 도, 광역시 단위로 시행하여, 한 선

선거구제를 하게 되면 정치적으로 안정적인 과반수가 나오기 쉽지 않습니다. 그러면 여러 당이 연정을 해야 하는 구도가 만들어지죠. 이건 책임정치를 불가능하게 만든다는 점에서 저는 반대하는 견해를 갖고 있습니다. 그래서 기본적으로 소선거구제[15]가 맞다고 생각하고요.

그리고 비례대표제가 있지 않습니까? 특정한 직역이 비례대표로 국회에 들어가서 역할을 해주라는 의미에서 만들어진 건데요. 지금도 그것이 현실적으로 계속 유효한 것인지에 대한 검토가 필요하다고 생각합니다. 만약 그게 더는 유효하지 않다고 판단되면 그 직능대표성은 소선거구제에 잘 녹여서 깔끔하고 심플하게 책임정치를 할 수 있도록 해주는 것이 더 낫다는 거죠.

선거제도는 심플할수록 좋습니다. 심플해야 유권자들도 자기의 표가 어떤 효용이 있는지를 제대로 이해하

거구에서 2명~5명을 선출하는 것을 말한다.

15 **소선거구제.** 하나의 선거구에서 1명의 후보를 뽑는 선거 제도이다.

고 기대할 수 있거든요. 지난번에 그 누구도 이해할 수 없는 준연동형 비례대표제를 하겠다고 합의했다가 결국 그 합의도 제대로 지키지 못했잖아요.[16] 그렇게 되면 피해는 국민들이 보는 겁니다. 그래서 선거제도에 대해서는 최대한 보수적으로 접근해야 하는 거고요. 여야가 오랜 준비와 제대로 된 합의를 끌어내지 못할 거면 이런저런 시도조차 해서는 안 된다고 생각합니다.

정인성 많은 사람이 선거에 나설 때 인생을 걸고 나간다고들 하던데 낙선했을 때의 심경은 상상이 잘 안 됩니다. 혹시 설명해주실 수 있으신가요?

김선동 저는 사실 실패로 시작했어요. 17대 때 지역에서 단수 공천을 확정받았다가 그때 이러저러한 변화가 있어서 다시 경선하게 되었는데 떨어졌거든요. 그다음 18대

---

16 **준연동형 비례대표제.** 정당이 지역구에서 얻은 의석수가 전국 정당 득표율에 미치지 못하면 그 차이만큼 일부 비례대표 의석을 배분해 총 의석을 보장하는 제도다. 제21대 총선에서 처음으로 준연동형 비례대표제가 도입되었고, 당시 여당인 더불어민주당과 야당인 자유한국당은 위성정당을 만들지 않는다는 기존의 합의를 깨고, 비례대표 의석 확보를 위한 위성정당, 더불어시민당과 미래한국당을 각각 창당했다.

때 초선의원이 되었죠. 초선으로서 굉장히 탄력받아서 정말 열심히 일도 많이 하고 있었는데, 정말 떨어질 거라고는 생각도 못 했어요. 사실 암담했죠. 4년이라는 세월을 기다려야 하는데 그 4년이 굉장히 긴 세월입니다. 그 4년을 기다려서 다시 재기할 수 있었는데, 이후에 또 떨어졌죠. 4년씩 세 번을 굶은 겁니다. 총 12년을 굶은 거죠.

우리 도봉구 구민 중에는 제가 굉장히 많이 당선되고, 한두 번 아쉽게 떨어졌다고 생각하시는 분들이 많으세요. 하지만 인고의 세월 4년을 세 번 건너뛰면서 지금 이렇게 서 있는 거거든요. 본인만 열심히 한다고 되는 것도 아니에요. 중앙정치가 어떤 방향으로 흘러가느냐, 민심은 어떻게 흘러가느냐 이런 것들이 복합적으로 작용해서 기회가 주어질 수도 있고 아닐 수도 있죠. 그래서 항상 안심할 수 없고, 그러다 보니 더 열심히 하는 수밖에 없어요. 그래서 저는 선거를 준비하는데 가장 힘든 점 하나를 꼽으라면 '기다려야 되는 4년' 그걸 꼽고 싶습니다.

김선동의 동문동답

정인성 이번 선거에 임하는 각오 같은 걸 말씀해 주신다면?

김선동 누구도 확신은 가질 수 없죠. 우리 정치인들은 수험생이고, 점수를 주시는 분들은 우리 도봉 구민들이시잖아요. 그래서 장담이라는 건 할 수 없는 거고요. 주변에서 여론의 흐름이 이렇다 저렇다 귀동냥하면서 구민들의 마음이 어디를 향해 있고 어떤 문제의식을 느끼고 있는지를 일단 잘 파악하려 애쓰고 있습니다. 일단, 도봉구의 발전을 위해서 추진될 필요가 있는 일들이 결국, 정부와 협력해야 하는 내용이 많으므로 여당에 힘을 실어줘야 한다는 의견도 있어서 꼭 나쁘지만은 않다는 정도의 생각은 가지고 있습니다. 하지만 '정치는 생물'이라고 할 정도로 항상 유동적이고 중앙당 또는 정권에 대한 민심도 복합적으로 작용하기 때문에 방심이라는 것은 절대 있을 수 없다고 생각하고 열심히 하고 있습니다.

정인성 이번 선거가 다른 선거와 비교해서 어떤 점에서 중요하다고 생각하시나요?

김선동 현재 새 정부가 들어섰는데, 국회의 다수의석을 야당인 더불어민주당이 가지고 있어서 우리 새 정부가 추진하고자 하는 정책들이 집권 1년이 훨씬 넘었는데도 제대로 추진되고 있지 못하고 있습니다. 우리 대통령 임기 동안 일을 하는 데 있어서 집권 여당이 일정 수준의 의석을 확보하는 것은 책임 있는 국정운영을 하는 데 있어서 굉장히 중요합니다. 국민이 일하라고 뽑은 대통령이 의회의 지원을 받지 못해서 아무 일도 못하고 임기를 마치게 된다면 그건 누구의 책임일까요? 그리고 그 피해는 누가 보게 되는 것일까요? 대통령이 어느 정도 책임정치를 할 수 있도록 중심은 잡아줘야 한다는 점이 중요하다고 할 수 있고요.

문재인 정부를 지나면서 현재 양쪽 진영이 굉장히 두텁게 형성이 되어있습니다. 그런 진영논리가 이번 선거를 지배할지, 진영논리에서 벗어나 개혁공천으로 나아갈 수 있을지를 주목했으면 합니다. 개혁공천에 실패한다면 여야 모두 실패할 수밖에 없을 것으로 생각합니다.

정인성　젊은 시절부터 평생을 정계에 몸담으신 분으로서 국민 여러분이 투표를 통해 정치에 참여해야 하는 이유가 무엇인지 말씀해 주시기 바랍니다.

김선동　정치가 싫어서 투표하러 가지 않는다? 그러면 오히려 우리 정치가 깨우치고 반성할 기회를 주지 못하게 하는 것으로 생각합니다. 작은 차이라도 어떤 게 있는지 자세히 들여다보시고 잘못을 크게 질책해 주셔야 정치인들이 국민 무서운지 알거든요. 정치가 밉다고 외면하면 정말 나쁜 사람들만 정치에 남게 되고 그 사람들이 나라를 이끌어가게 됩니다. 그걸 방지하기 위해서라도 국민 여러분께서 구의원 한 사람부터 국회의원, 대통령까지 눈을 부릅뜨고 살펴보셔야 합니다. 누가 열심히 일하는지, 바른 생각을 가지고 일을 하고 있는지 제대로 점검하셔서 제대로 일할 의지와 능력이 있는 후보, 그리고 그런 후보를 공천한 정당에 표를 주시면 그것이 우리 정치를 발전시키는 중요한 자양분이 될 거란 말씀을 드려봅니다.

김선동의 삶

어려운 문제가 닥쳤을 때,

저는 그런 상황에서 우선 생각을 멈춰요.

안절부절못하고 허둥지둥하면서 방법을 찾다 보면

제대로 된 방향을 잡기는커녕

오히려 사태를 악화시킬 수도 있거든요.

그래서 일단은 한발 물러서서 생각할 필요가 있습니다.

차분하게 판단할 수 있도록 시간을 두고

문제를 다른 사람들과 같이 고민하는 거죠.

감정을 가라앉히고 문제를 들여다보기 시작하면

오히려 쉽게 푸는 방법이 나오기도 하거든요.

자기중심을 잡고, 하루를 기다리면 해가 다시 뜨지 않습니까?

일단은 차분하게 자기중심을 잡고 기다리면서 그 시간에 차라리

다른 일을 해나가는 것이 나을 때도 있어요.

정치를 꿈꾸었던 아이

전혜인 어린 시절 의원님 얘기부터 시작해 보도록 하겠습니다. 고향이 강원도 원주시인데 성장기 초중고는 이동이 잦으셨더라고요. 특별한 이유가 있으셨나요?

김선동 저희 아버님께서 선생님이셨는데요. 아버님의 임지에 따라서 같이 이사를 많이 했어요. 그래서 당시 경기도 양평군 용문면에 있는 용문초등학교에 가게 되었어요. 거길 졸업하고 용문중학교에 진학했고요. 그러다 지역에서 굉장히 수재로 소문났던 선배님이 예비고사에 떨어진 사건이 있었습니다. 워낙 수재라고 소문이 났었기 때문에 지역 사람들이 다 놀랄 수밖에 없었죠. 그걸 보시고 아버님께서 고민하시다가 "선동아, 아무래도 너 엄마랑 짐 싸서 서울로 가야겠다." 그래서 졸지에 서울로 올라가게 되었어요. 그렇게 서울에서 학창 시절을 보내고 성년을 맞이한 거죠.

전혜인 부모님은 혹시 어떤 분들이셨나요?

김선동 아버지는 말씀드렸다시피 선생님을 하시다 교장 선생님으로 정년퇴임을 하셨어요. 어머니는 현명하시고, 책임감이 굉장히 강한 분으로 자식 사랑이 지극했습니다. 저희 형제가 2남 1녀인데요. 제가 장남이고요. 집안이 넉넉하지는 않았지만, 3남매가 아주 화목하게 지냈기 때문에 개인적으로 밝고 유복한 환경에서 성장했다고 생각합니다.

전혜인 어렸을 적 의원님을 가장 잘 표현하는 단어가 있다면 뭐라고 하시겠습니까?

김선동 제가 돌 사진을 찍을 때, 어르신들이 보시면서 케네디 대통령을 닮았다고 하셨대요. 어릴 때는 머리도 곱슬머리여서 이국적으로 보였나 봐요. 그래서 어렸을 때 '케네디'라는 얘기를 많이 들었습니다. 사진을 봐도 닮긴 닮았더라고요. 그래서 한 단어를 꼽자면 '케네디.'

이쌍규 어렸을 때 다른 별명 같은 건 있으셨나요?

김선동 초등학교 때는 제 이름이 선동이라서 애들이 선데이, 선데이 그랬어요. 이름을 두고 장난 많이 칠 때잖아요. 우리 외삼촌들도 오시면 어디서 들으셨는지 "어이, 선데이 잘 있었어?" 이렇게 하셨고요. 중학교 1학년 때쯤 저희 영어 선생님께서 저를 되게 예뻐하셨어요. 그래서 저보고 '우리 선동이는 참 팔방미인이야'라고 해 주신 거예요. 근데 제가 사자성어를 잘 모를 때였어요. 그래서 진짜 내가 잘생겼다는 건 줄 알았습니다. 팔방에서 봐도 잘생겼나 보다 하고 다녔어요. 그래서 팔방미인이라는 닉네임이 붙기도 했고요. 대학 다닐 때는 저를 '크렘린'이라 부르는 친구가 있었습니다. 당시에 고뇌가 많았어요. 그래서 막 혼자 생각도 많이 하고 고민도 많이 하고 했는데, 그 모습을 보던 한 친구가 저보고 "야, 선동아. 너는 참 크렘린이야."라고 하는 거예요. 그게 뭔 말이냐 했더니, "네 심중을 헤아리기가 참 어렵다." 이러더라고요. 그 정도 별명들이 기억납니다.

이쌍규 별명이 시기별로 매우 다르시네요. 그러면 20대를 키 워드로 정리한다면 어떤 걸 꼽으시겠습니까?

김선동 20대는 '꿈의 시간'이었던 것 같아요. 민주화의 소용돌 이 속에서 세상에 대해서 근본적인 고민도 해보던 시 기였고요. 그걸 통해서 나는 어떤 세상을 만들어가고 싶은가를 구상하던 시기이기도 했습니다. 20대 때는 그렇게 꿈을 키웠던 시간이라면, 30대 때는 그런 고민 을 좀 더 구체화하는 과정이었죠. 그러면서 주량도 많 이 늘었고요.

김선동의 동문동답

이쌍규　원래 술은 잘하시는지?

김선동　주변에서는 잘한다고들 합니다.

이쌍규　주량이 소주 기준으로는?

김선동　남한테 폐 안 끼칠 정도로는 먹을 줄 압니다. 물론, 지금은 젊었을 때만큼 먹지는 못하지만 제가 술을 많이 마셔도 태가 잘 안 나는 스타일이거든요. 아까 말씀드린 키워드들을 계속해서 말씀드려보자면 40대 때는 제가 세상을 살아가면서 얻은 여러 가지 경험을 내면화하면서 몸집을 키웠던 시기라고 생각하고요. 50대는 그것들을 실현하기 위해서 군살이 배길 정도로 뛰어다니면서 정진해 나갔던 그런 시기가 아니었나 생각합니다.

전혜인　어린 시절 장래희망이나 꿈이 따로 있으셨나요?

김선동　아까 케네디 대통령 닮은 아이라고들 하셨다고 했잖아요. 그래서 그랬는지는 모르겠지만 초등학교 들어가면

장래희망을 적어서 내잖아요? 그때 모범 정답은 과학자, 선생님 이런 걸 적어내는 겁니다. 그래서 저도 그렇게 모범답안을 써서 내기는 했는데, 마음속에는 늘 나라를 위해서 뭔가 도움이 되는 일을 하고 싶다고 생각해왔었습니다. 그게 뭔지는 모르지만 결국 그게 정치인이나 국회의원쯤 되지 않았을까 생각합니다.

전혜인 의원님의 성격 형성이나 학업성취에 있어서 가장 많은 영향을 준 것으로 무엇을 꼽으시겠습니까?

김선동 환경 면으로는 가족과 학교가 있겠지만, 그것을 제외하고는 위인전의 영향을 많이 받았어요. 제가 어렸을 때는 자유교양경시대회[17]라는 게 있었어요. 학교에서 공부도 열심히 하고, 책 열심히 읽어서 독후감 잘 쓰는 친구들을 선발해서 대회에 내보냈는데 그때 우리에게 읽으라고 준 책들이 주로 위인전이었어요. 우리나라에

---

17 **자유교양경시대회.** 1968년부터 고전 읽기를 장려하기 위해 자유 교육협회 주관으로 실시해 온 대회. 본래의 취지와는 달리 학생들에게 과열 경쟁심을 유발, 고전 독본강매 · 학부모 부담 가중 등 각종 부작용을 빚는다는 이유로 1975년 중단되었다.

서는 대표적으로 이순신 장군, 강감찬 장군, 세종대왕 같은 분들이 주로 다뤄졌고요. 세계적인 인물들로는 수많은 과학자, 예술가들 등등의 삶을 위인전을 통해 많이 만날 수 있었죠. 유년기에 그런 인물들의 삶을 가슴 속에 담으면서 인격 형성이나 인생의 그림을 그리는 데 있어서 큰 자양분이 되지 않았나 싶습니다. 그래서 우리 초중고 교육에서도 그런 프로그램이 있었으면 좋겠다고 생각하는데 요새 보면 잘 없는 것 같아요.

이쌍규 혹시 종교를 가지고 계십니까?

김선동 종교 있습니다.

이쌍규 어떤 종교인가요?

김선동 교회 다닙니다.

이쌍규 다니신 지는 얼마나 되셨나요? 혹시 모태신앙?

김선동 모태신앙은 아니고요. 할머니께서 제일 먼저 개종하셨어요. 그리고 우리 어머니께서 개종하셨고요. 그러다 자연스럽게 영향을 받아서 저도 교회를 다니게 되었습니다. 사실, 정치를 하는 처지에서 특정 종교를 갖는다는 것이 바람직한가에 대한 생각을 갖고는 있었습니다. 그래서 사회생활을 모두 마치고서 종교 생활을 하는 것이 좋겠다는 소박한 생각을 가져보기도 했는데, 신앙이라는 게 제 뜻대로 되지 않더라고요. 콜링(Calling)이라고 하죠. 저도 어느 날 갑자기 그런 소명을 받게 되어 신앙생활을 하게 된 것 같아요. 그래서 정치를 시작하기 전부터 교회를 다니기 시작했습니다.

이쌍규 블로그에 보니까 '100 감사,' '5 감사' 이런 것들이 있던데 그게 뭔가요? 혹시 종교적인 겁니까?

김선동 종교적인 용어는 아니고요. '100 감사'는 100가지 감사할 일을 자기가 적어보는 거예요. 보통 100가지 감사할 대상을 적어보라고 하면 100이면 100, 어머니를 꼽으세요. 어머니에 대한 것부터 쓰기 시작하죠. 그러면서 본인 어릴 적 이야기도 생각나고, 이랬구나 하면서 눈물도 흘리곤 하죠. 그 과정에서 마음이 차분하게 가라앉고, 세상에 감사할 줄 알게 되고 그러죠. 그걸 100 감사라고 하고요.

5 감사는 뭐냐면 매일 100 감사를 할 수 없잖아요. 그래서 어떤 사람에 대해 5가지 감사할 점을 찾아보는 거예요. 아무리 내가 싫어하는 사람이 있다고 하더라도 그 사람의 장점, 고마운 점을 다섯 가지는 찾을 수 있거든요. 그걸 적어서 그 사람에게 전달하기도 하고요. 해보지 않으셨겠지만 미워하거나 서운한 사람에게 그렇게 다섯 가지 감사한 점을 적어서 전달해주면 사람 관계가 달라집니다. 많은 사람이 갈등의 벽을 허물고 싶어도 용기가 없어서 그렇게 못하거든요. 꼭 사이가 안 좋은 사람이 아니고 사랑하는 사람에게도 마찬가지예요. 한번은 제가 5 감사를 부모님께 전달해드렸더니 아버님 어머님이 서로를 끌어안고 우셨다고 하더라고요.

전혜인 그렇게 공부하시다가 고려대 정치외교학과를 선택한 특별한 이유가 있으신가요?

김선동 고려대는 학력고사 보고서 언저리에 맞춰서 결정하게
되었던 것 같고, 정치외교학과는 제가 어렸을 때부터
정치와 관련한 꿈을 가졌기 때문에 선택하게 되었습니
다. 어려서부터 꿈을 키우고, 본인이 그것을 지향하면
서 가다듬어 왔는데, 그걸 그대로 가지고 대학에서 그
것을 전공하고, 그 전공을 살리는 직업을 택할 수 있었
으니까 저는 참 행운아라 생각해요. 전공과는 전혀 무
관한 삶을 살아가는 분들이 어떻게 보면 더 많잖아요.
그런 면에서 저는 어려서부터 가졌던 꿈을 대학에서도
공부하고, 대학원에서 석·박사 과정을 밟고, 사회에 나
와서도 일관되게 그걸 이어가는 인생의 길을 걸었으
니, 행운이 아닐 수 없죠.

김선동의 동문동답

전혜인   그러면 대학에 다니던 당시에 가장 관심을 가졌던 분야는 어떤 것이었나요?

김선동   제가 대학에 다니던 시절이 80년대 초반이었어요. 그 당시 대학가는 민주화라는 정치적 격변의 소용돌이의 중심지였어요. 최루탄에 자주 노출되었고, 투쟁하다 끌려가는 학우들도 많았습니다. 그러면서 자연스럽게 민주화의 가치에 대한 고민을 많이 하게 되었습니다. 또한, 제가 정치학 중에서도 국제정치를 전공했기 때문에 세계적인 역사의 흐름 속에서 개발도상국이었던 우리나라가 어떤 전략과 방법론을 통해서 남에게 치이지 않고 우리의 목소리를 당당히 낼 수 있는 나라가 될 수 있는가에 대한 고민도 많이 했습니다. 그런 대내적인 고민과 대외적인 고민을 많이 했던 시기였던 것 같습니다.

전혜인   대학을 졸업하고 석사학위 논문은 '박정희의 대미·일 외교 정책 이미지 형성 요인과 그 발전 과정에 관한 연구'인데 이 논문을 쓰시게 된 배경은 무엇이었나요?

김선동 그 당시에 제가 국제정치 분야를 전공했기 때문에 석사 논문도 이와 관련해서 쓰게 되었어요. 대부분 학우가 남의 나라의 거창한 사건들을 중심으로 다루었는데 저는 우리나라를 둘러싼 국제정치를 돌아보고 싶었습니다. 그중에서 박정희 대통령의 '한일 국교 정상화'[18]에 주목하게 되었습니다. 한일 국교 정상화의 결실을 볼 수 있었던 동인이 무엇인가. 외교 정책을 분석하는 데 있어서 여러 가지 접근법이 있는데, 저는 당시에 이미지 이론[19]이라는 접근법을 통해서 박정희 대통령의 미국에 대한 인식, 일본에 대한 인식이 한일 국교 정상화를 타결짓는 변인이 되었다는 것을 규명해보고자 시

---

18 **한일기본조약.** 공식 명칭은 '대한민국과 일본 간의 기본관계에 관한 조약'이다. 1951년 9월 샌프란시스코에서 일본을 포함한 48개국이 모여 체결한 '샌프란시스코 강화조약'을 통해 일본은 한국의 독립을 인정하고 한국 정부와 재산과 청구권에 관한 특별약정 의무를 부담하게 되었다. 이를 근거로 1951년 말경부터 한국 정부와 일본 정부는 국교 정상화와 전후 보상 문제를 논의하였으나 합의에 이르지 못했다. 그러던 5.16쿠데타를 통해 박정희가 집권하면서 다시 협상은 급물살을 타게 되었고, 1965년 '한일기본조약'이 체결되며 국교가 정상화되었다.

19 **이미지 이론(Image Theory).** 경제적 효율성을 기준으로 의사결정 분석하는 전통적 의사결정 이론과 달리, 의사결정 전체를 인도하는 가치와 목표의 관점에서 의사결정의 과정을 분석함으로써 의사결정에 대한 통합적이고 종합적인 설명이 가능하게 한다.

도를 했던 것이죠.

전혜인 박정희의 리더십은 어떤 리더십이었다고 평가하시나요?

김선동 '미래형 리더십'이죠. 경부고속도로 건설이나, 그린벨트, 국방과학연구소 등 그 당시로는 개념조차 자리 잡지 못했던 것들을 선견지명으로 만들어 낸 것이 박정희 대통령이에요. 이런 장기적인 프로젝트들의 결실은 자신의 임기 내에 발현되는 것이 아닙니다. 그 결실과 가치는 역사가 판단해줄 수밖에 없는 것인데도 미래를 내다보고 국가를 위해 추진했던 것입니다. 그런 리더십을 갖추기 위해서는 세계 최고의 것들을 공부하고 그 안에서 선택과 집중을 해야 합니다. 하루하루 먹고 살기 급급한 가난한 나라의 한정된 자원을 활용해 미래를 내다보고 투자할 수 있는 리더십을 갖는다는 것은 굉장히 어려운 일이죠. 그런 미래형 리더십이 박정희 대통령에게 있었던 겁니다.

그것과 연결되는 또 하나의 리더십은 '직진형 리더십'

이라는 겁니다. 이분이 민주화라는 가치를 희생해가며 집권한 거잖아요. 그랬기 때문에 본인 스스로 어떤 자질을 갖추지 못하거나 우유부단하면 그 자리를 유지할 수 없습니다. 과거의 자료들을 살펴보면 경제개발 계획을 세우거나 어떤 건설 프로젝트를 추진할 때, 장관의 보고에 의존하는 것이 아니라 백지에 당신이 직접 손으로 적은 내용을 장관들에게 전달해 사업을 추진하는 식의 리더십을 발휘했어요. 참모들보다도 늘 앞서 나갔던 거죠. 그런 안목과 실천력을 기반으로 나라의 미래를 준비했기 때문에 분명한 정치적 과過에도 불구하고 많은 국민에게서 업적으로 평가받을 수 있는 것이 아닌가 생각해 봅니다.

전혜인 어린 시절부터 정치인의 꿈을 꿔왔고, 한결같이 그 분야를 공부해 오셨는데요. 만약 타임머신을 타고 어린 시절의 김선동에게 딱 한 마디만 할 수 있다면 어떤 말을 해주고 싶으신가요?

김선동 '선동아 너 지독히 운 좋은 녀석이었어.' 이런 말을 하고 싶네요. 제가 비교적 유복하게 잘 자랐다고 말씀드렸는데, 그것부터가 제가 선택할 수 있는 것이 아니잖아요. 그때는 그렇게 생각하지 못했었어요. 돌아보면 제가 정말 행운아였다는 걸 깨달았지만 어린 시절의 저는 그걸 몰랐으니까. 그 말을 꼭 전해주고 싶네요.

김선동 마음의 편지 - 5 감사

(2020. 3. 22)

내 생일 때 이야기다.

우리 집은 생일이면 부모님께 "낳아 주셔서 감사합니다."라는 인사를 꼭 드리는 전통이 있다.

몇 년 전 어느 날이었다. 문득 5 감사 편지로 생일 인사를 대신하고 싶어졌다. 그래서 쓴 글이 이것이다.

"생일 아침에 아버지 어머니께 드리는 다섯 가지 감사의 편지입니다.

두 분이 결혼하시고 그 인연으로 낳아 주셔서 감사합니다.

삼 남매 공부하고 싶은 데까지 맘껏 다 할 수 있게 해주셔서 감사합니다.

저희 내외 믿어주셔서 감사합니다."

⋮

이렇게 써 나갔다.

그러다 보니 5 감사만으로는 감사하기가 부족해서 이렇게 덧붙였다.

김선동의 동문동답

"다섯 가지 감사를 쓰는 이 순간이 너무 기쁘고 행복해서 더더욱 감사합니다."

마음의 편지를 받으신 아버지와 어머니께서는 그날 감동을 하셔서 서로 부둥켜안고 얼마나 우셨는지 두 눈이 퉁퉁 부으셨다고 했다.

내 예상과는 달리 가장 감동을 한 대목은 1번, 두 분이 결혼하시고 그 인연으로 낳아 주셔서 감사하다는 부분이었다.

부모님이라고 왜 어려움이 없으셨겠는가. 그러나 큰아들이 "두 분의 인연으로 낳아 주셔서 감사합니다."라는 말을 보는 순간 '이것만으로도 우리 결혼은 축복받은 결혼'이라며 크게 감동하셨다는 것이다. 뜻하지 않게 내 생일 날 내 불효의 상당 부분을 덜어낸 느낌이었다.

이것이 내가 경험한 작은 5 감사다.

감사운동은 가장 가까운 곳부터 시작하면 정말 좋다. 정작 가장 감사해야 할 대상인데 얼마나 모르고 살았는지를 바로 경험하게 될 것이다. 부모님, 아내, 아들, 딸, 직장 동료부터 말이다. 그리고 오해가 있는 분, 멀어진 분과의 5 감사로 이어간다면 남을 미워하지 않는 따뜻한 세상이 열릴 것이다.

오늘부터 가장 가까운 곳부터 5 감사 운동을 시작하면 어떨까?

그러고 보니 나부터 다시 시작해야 한다.

정치인 김선동의 탄생

이쌍규   그러고서 청와대 행정관으로 가게 되신 건데, 정치학 전공자로서 책으로만 접하던 정치와 현장에서 직접 접하게 된 정치는 어떤 차이가 있던가요?

김선동   제가 아무래도 국제정치를 전공하다 보니까 책으로는 세계가 어떻게 돌아가는지에 대해서 공부했다고 한다면, 청와대에서는 국정을 운영하는 데 참여를 하게 되었어요. 책으로만 접했던 정치 행위들이나 정책들이 실제로 어떤 과정을 통해서 만들어지고, 어떻게 적용되는지에 대한 것들을 구체적으로 알게 되었죠. 지역 정치인들도 국정이 어떻게 운영되는지 알아야 제대로 정치를 할 수가 있어요. 그걸 모른 상태에서 정치에 뛰어들면 지역 정치를 하더라도 뜬구름 잡는 이야기만 한다든지, 제대로 된 성과를 내기가 어렵습니다. 그런 점에서 현실정치에 직접 참여하면서 보고 배운 것이 큰 도움이 되었죠.

이쌍규　정치라는 필드에서 오랜 경험이 있으셔서 갈등의 상황에 대한 대처에서도 나름의 비결이 있으실 것 같은데요. 갈등의 상황을 마주했을 때 어떤 식으로 대처하는 편이신가요?

김선동　어려운 문제가 닥쳤을 때, 어떻게 보면 큰 바윗덩어리 같은 게 온 거 아니겠습니까? 저는 그런 상황에서 우선 생각을 멈춰요. 안절부절못하고 허둥지둥하면서 방법을 찾다 보면 제대로 된 방향을 잡기는커녕 오히려 사태를 악화시킬 수도 있거든요. 갑작스럽게 큰 갈등의 상황을 맞이하면 감정의 홍수에 빠지는 것이 인간이라면 당연한 겁니다. 그래서 일단은 한발 물러서서 생각할 필요가 있습니다. 차분하게 판단할 수 있도록 시간을 두고 문제를 다른 사람들과 같이 고민하는 거죠. 감정을 가라앉히고 문제를 들여다보기 시작하면 오히려 쉽게 푸는 방법이 나오기도 하거든요.

해바라기 이야기인데요, 해바라기는 해를 쫓아서 쭉 고개를 돌리잖아요. 그런데 어느 날 구름 때문에 해바라기가 해를 놓쳤어요. 그렇다고 해를 쫓겠다고 허둥대면 힘만 들고 제대로 찾지도 못하겠죠. 하지만 자기중심을 잡고, 하루를 기다리면 해가 다시 뜨지 않습니까? 일단은 차분하게 자기중심을 잡고 기다리면서 그 시간에 차라리 다른 일을 해나가는 것이 나을 때도 있어요.

그러다 보니 큰 문제가 와도 별로 걱정을 안 하는 편이에요. 크게 흔들리지도 않고요. 남들은 그런 저를 보고 천하태평이다, 그러는데 어떤 큰일이 와도 '이 또한 결국 해결될 거야. 그리고 나는 그것을 항상 해결해왔어.' 이렇게 자기암시를 하면서 중심을 잡고 가고 있습니다.

이쌍규 성격이 되게 낙천적이신가 보네요.

김선동   저는 안 되는 걸 고민해봐야 간덩이만 나빠진다고 생
각해요. 안 될 때는 어떻게 하겠습니까? 세상 모든 일
을 다 해결하면서 살 수 있는 것도 아니잖아요. 오히려
그 상황에서 안절부절해 봐야 더 힘만 빠지고, 다른 일
도 못 하게 되고요. 최선을 다하겠지만, 최선을 다했는
데도 안 되는 거라면 '그건 사람의 힘으로 되지 않는
거야'라고 하면서 흘려버릴 줄도 알아야 머리에 지진
이 안 나죠.

이쌍규   의원님께서 이렇게 낙천적이고 긍정적인 것은 타고나
신 건가요? 블로그에 보니까 '배수의 법칙'이라는 것도
그런 성격을 어느 정도 보여준다고 느꼈거든요.

김선동   '배수의 법칙'은 제 나름의 통찰이었는데 이런 겁니다.
초등학교 시절에 딱지놀이가 있었어요. 당시에 10원
이면 20장짜리 딱지 한 판을 살 수 있었고요. 딱지에는
다양한 글자들도 나와 있고, 별들도 그려있고 그랬거
든요. 그걸 가지고 친구들이랑 내기해요. 딱지 속의 글
자 수가 많거나 별의 숫자가 많은 쪽에 베팅하면 베팅
을 잘한 만큼 딱지를 가져가는 그런 게임을 하는 겁니

다. 그런데 몇 번 하다 보니까 아주 간단한 게임의 법칙이 있다는 것을 깨달았어요.

원리는 이렇습니다. 만약 10장을 걸어서 잃으면 20장을 걸 능력이 있으면 되고, 20장을 걸어서 잃으면 40장을 걸 능력이 있으면 되고, 40장을 잃으면 80장을 다시 걸 능력이 있으면 된다는 거죠. 확률이 1/2인 게임에서 계속 두 배로 베팅하면 결과는 언제나 나의 승리로 끝나게 됩니다. 그래서 저는 일단 제일 먼저 동네에서 딱지가 제일 많은 친구를 찾아서 시골말로 '동포'를 맺었어요. 큰손 투자자를 만든 거죠. 그래서 두둑한 펀드를 기반으로 딱지를 다 쓸어 담았습니다.

거기서 끝내지 않아요. 그렇게 딴 딱지들을 10원에 30장이나 50장에 되팔았어요. 10원에 20장인데 이걸 30장 50장 살 수 있으니까 금방 팔리죠. 그래 봐야 어차피 우리가 다시 따올 거니까요. 그렇게 하다 보니까 재미가 없더라고요. 어차피 정해져 있는 승부이기도 했고, 보람도 없고. 그래서 아까 그 '동포'라고 했던 친구랑 딱지를 반씩 나눈 다음에 제 것은 동네에 다 나눠

주고 끝냈던 추억이 있습니다.

400m 릴레이를 할 때도 지략이 필요합니다. 흔히 가장 잘 뛰는 선수를 몇 번째로 뛰게 할까 물어보면 대부분 4번 주자를 얘기합니다. 그러나 저는 4번 주자라는 통념에 가까운 주장과는 다른 생각을 합니다. 대부분 가장 잘 뛰는 주자를 4번에 배치하기 때문에 여기서 1~2m를 벌리는 일은 쉽지가 않기 때문입니다. 다음의 답은 보통 1번 주자를 많이 꼽습니다만 가장 잘 뛰는 사람이 일정 기간 정지상태에서 최고의 속도가 나오기까지는 시간이 걸리기 때문에 1번도 아니라고 생각합니다. 제 정답은 2번 주자입니다. 2번 주자가 차이를 크게 벌려두면 3번, 4번 주자가 능력이 있어도 간격이 크게 벌어져 있으면 추격 의지가 사라지기 때문이죠. 사실, 제가 초등학교 때 학교에서 육상을 제일 잘했거든요. 그래서 400m 계주를 할 때면 2번을 자청했어요. 이런 남들과는 다른 통찰과 안목이 제게 있었던 거죠. 이런 전략적인 접근이 많이 필요하다고 자주 이야기를 하고는 합니다. 국제사회에서 경쟁할 때도 이런 전략적인 안목이 정말 필요합니다.

이쌍규 국제사회에서의 경쟁을 말씀하셨는데, 의원님 블로그를 보면 강대국과 후진국에 관한 이야기를 많이 하시더라고요. 의원님께서 생각하는 강대국과 후진국을 구분하는 기준이 무엇입니까?

김선동 제가 어디 포럼이나 강연을 하면 항상 물어봅니다. "여러분은 어떤 나라가 강대국이고 어떤 나라가 후진국이라 생각하시나요?" 이렇게 물어보면 대부분 경제력이 강한 나라 혹은 군사력이 강한 나라가 강대국이라는 대답을 해주십니다. 하지만 저는 생각이 좀 다릅니다. 룰(Rule)을 만드는 국가가 강대국, 선진국이고 그걸 숙명적으로 따라야만 되는 국가가 후진국 또는 약소국이에요. 요새는 컴퓨터, 인공지능, 반도체 등등이 발달 되어 있잖아요. 챗 GPT도 그렇고. 그런 표준을 어떤 국가에서 선점하느냐가 중요한 거죠. 사실, 늘 그래왔어요. 누가 질서를 만들고, 누가 그 질서를 따르느냐? 특히 요즘은 새로운 기술과 산업의 혁신이 펼쳐지면서 현재 누가 그런 표준을 선점하느냐의 경쟁이 펼쳐지는 시기이거든요. 각국의 지도자들은 그런 상황을 인지하고 대응해 나갈 능력이 있어야 한다고 생각합니다. 그것이 우리가 강대국이 되느냐 후진국으로 남느냐를 결정하겠죠. 우리도 강대국과 후진국을 결정하는 것이 무엇인가를 결정할 때 규칙을 만드는 나라가 되느냐, 규칙을 따르는 나라가 되느냐를 기준으로 얘기할 수 있어야 거기에 맞는 리더를 뽑을 수 있다고 생각합니다.

이쌍규 흔히 우리 정치를 적대적 공생관계[20]라고 부르지 않습니까? 닥치고 보수, 닥치고 진보를 벗어나야 한다고 이야기하시는 배경은 무엇인가요?

김선동 우리가 진보와 보수를 이야기할 때, 그것이 엄청나게 대립적이고, 갈등 지향적이고, 적대적이라고 보는데요. 저는 하나의 뿌리를 공유하면서 양쪽으로 이파리가 난 쌍생아가 보수와 진보라고 생각합니다. 둘 다 잘 되어 보자고 하는 근본을 공유하는 것이 진보와 보수라는

---

20 **적대적 공생관계(Adversary Symbiosis).** 양극단의 대립 당사자들이 서로의 존재를 통해 세력을 강화하고 이득을 취하는 현상을 의미한다. 프리드리히 니체는 "적과 싸우기 위해 사는 자는 그 적을 살려둘 이해관계가 있다(Wer davon lebt, einen Feind zu bekämpfen, hat ein Interesse daran, daßer am Leben bleib)"는 말을 남겼는데, 적대적 공생관계의 의미에 대한 힌트를 제공했다고 풀이된다.

거죠. 보수를 영어로 하면 컨서브(Conserve). 좋은 것을 지키자는 것 아닙니까? 나쁜 거 하자는 게 아니거든요. 그런데 보수는 원래 나쁜 거로 생각하는 사람들이 많아요. 반대로 진보를 빨갱이라고 하는 것도 마찬가지죠. 진보는 기존의 방법이 아니라 다른 방법으로 무언가 해보자는 거잖아요. 물론, 보수의 입장에서 진보를 바라볼 때 가지 않은 길을 가야 한다는 불안과 검증되지 않은 방식에 대한 부담은 존재할 수밖에 없죠. 그렇다고 그런 생각을 하는 사람들이 무조건 다 나쁘다고 할 수 있을까요? '보수는 무조건 나빠, 진보는 무조건 나빠'라고 하는 대립적이고 갈등 지향적 사고를 벗어나야 정치권이 뭐라도 제대로 된 정치를 해볼 수 있습니다. 상호 발전적 경쟁 관계가 될 수 있어야 하는 거죠.

이쌍규 의원님은 좌우명이나 좋아하는 사자성어 같은 거 있으십니까?

김선동 모든 것의 출발은 사람이다. 좌우명으로는 그런 생각

을 하고 있고요. 사자성어로는 '호연지기(浩然之氣)[21]'

좋아합니다. 우리 정치에서도 보면 정객이라고 할 정

도의 정치인을 잘 찾아보기 힘든 세상이 되었다고 생

각합니다. 큰 정치인들은 협객 의식도 좀 있어야 하고,

그런 호연지기를 늘 품고 있어야 하거든요. 우리처럼

작은 나라, 작은 땅덩어리에서 힘이 센 미국, 러시아,

중국 등을 감당해내려면 국가적인 안목과 더불어 그런

호연지기를 갖추고 있어야 하지 않나 싶어서 호연지기

라는 말을 늘 가슴에 새깁니다.

전혜인 그러면 현재의 의원님을 만들어 준 결정적인 시기나

사건들을 꼽아본다면 어떤 걸 꼽으시겠습니까?

김선동 어린 시절 제일 변곡점이 되었던 것은 시골에서 서울

로 올라가게 된 일이죠. 시골에서 정말 즐겁게 뛰놀고,

벼락치기만 해도 됐던 그런 환경에 있다가 서울에 올

라와 공부를 하루에도 몇 시간씩 하니까 숨이 턱 막히

---

21 **호연지기(浩然之氣).** 하늘과 땅 사이에 왕성하게 뻗친 기운이라는 뜻으로
의(義)와 도(道)에 의해 길러지며 자신 안에 올바른 것을 쌓아 올림으로써 생
겨나는 것이라고 한다.

더라고요. 서울이라는 큰 세상을 보게 된 것이죠. 그래서 시골에서의 전학을 저는 첫 번째 사건으로 꼽고 싶고요.

두 번째는 아무래도 대학인 것 같아요. 고려대학교 정치외교학과에 진학해서 감상적인 민족관 같은 것에서 벗어나 더 큰 세상, 더 큰 생각을 하는 사람들과 교류하며 생각의 지평을 넓힌 계기가 되었습니다.

그리고 세 번째는 제가 국회의원으로서 일하고 떨어지고, 일하고 떨어지고 하는 과정 자체가 변곡점이 아닌가 생각이 듭니다. 우리 도봉구에서는 제가 국회의원을 되게 많이 했다고 생각해요. 제가 17대 때 처음 출마하게 되었는데요. 단수 공천이 결정되었는데 경선으로 상황이 바뀌어 후보가 되지 못했습니다. 그 덕에 첫 본선 도전은 4년을 더 기다려야 했죠. 4년을 기다린 끝에 다시 온 기회를 잘 잡아서 초선에 당선되었고요. 4년의 임기를 열심히 보내고 재선에 도전했는데 낙선해서 4년을 또 보내게 되었죠. 이후에 또 당선되고, 또 낙선되고 해서 20년 중 국회의원은 8년밖에 못 했습니다. 12년 동안 굶어가면서 도봉구와 우리나라가 어떻게 나아가야 하는지에 대한 비전을 계속 만들어 가고 있습니다.

이쌍규 정도전도 12년 정도 하방했더라고요.

김선동 평생 뜻을 이루지 못하는 현인들이 얼마나 많습니까? 감사하게도 제게는 두 번이나 지역에서 기회가 주어졌기 때문에 어찌 보면 행운이죠.

전혜인 이제 본격적으로 정치 행보를 시작하셨을 때의 이야기를 나눠보려고 하는데요. 문민정부의 대통령 비서실 행정관을 하게 된 계기는 뭐였나요?

김선동 스카우트 당했어요. 당시에 제가 박사 과정 중에 있었습니다. YS 대통령께서 3당 합당하고 나서 분야별 박사급 참모를 구하셨는데, 제가 그 당시에 남북관계와 국제정치 쪽을 담당하는 연구위원으로 발탁이 된 거죠. 그 팀에 들어가서 YS 대선 과정까지 다 치르고 청와대에 같이 가서 5년 동안 같이 문민정부에서 함께

하게 되었습니다. 덕분에 박사 과정 논문은 마무리를 못 했죠.

이쌍규 그 자리에 추천은 누가 해주셨나요?

김선동 사실 누구 하나 추천해달라고 고려대학교 정치학과 선배님들에게 부탁이 들어왔어요. 선배님들이 김선동을 보내자 그래서 제가 가게 된 겁니다.

전혜인 정치를 시작하실 때 가족들의 반대는 없었나요?

김선동 저는 완벽하게 없었습니다. 우리 집사람은 제가 대학교 1학년 1학기 중간고사 보기 직전에 만나서 결혼했거든요. 제가 어떤 사람인지 누구보다 잘 알죠. 그래서 항상 제가 하는 일들을 지지해줬습니다.

이쌍규 연애결혼을 하셨군요.

김선동 그렇죠. 옛날에 미팅이라고 하나요? 그렇게 처음 만났어요. 그래서 제 생각을 이미 알고 있었으니, 반대할

것도 없었고요. 오히려 부모님들이 놀라셨죠. 처음에
는 놀라셨는데 그래도 자식을 많이 믿는 편이시라 '선
동이 네가 하는 일이라면 오케이.' 이렇게 해주셔서 별
반대 없이 정치에 뛰어들 수 있었습니다.

이쌍규 정치외교학과 진학도 하셨고, 자라온 과정을 보면 충
분히 정치를 할 수 있겠다고 판단했을 수 있겠네요.

김선동 사실, 아버님, 어머님도 그렇고 고등학교 3학년 때 담임 선생님도 제가 입학원서를 쓰는데 정치학과 이렇게 쓰니까 깜짝 놀라셨어요. "야, 선동아. 너는 법 없이 살 녀석이고, 아버님 직업도 그러셔서 너는 사범대학 갈 거로 생각했는데, 네가 왜 갑자기 정치학과를 간다고 그러니?" 그래서 제가, "선생님, 저는 사실은 어려서부터 정치를 제가 꿈꾸고 준비해 왔습니다." "부모님이 아시니?" "모르실 겁니다."

전혜인 그러면 17대를 지나서 18대 국회의원 선거에서 1988년 이후 20년 동안 보수 정당이 당선된 적이 없는 민주당 강세 지역인 도봉을에서 당선되셨습니다. 애초에 도봉을을 선택하신 이유가 무엇이었나요?

김선동 제가 당시에 되게 용감했어요. 우리가 한 번도 소선거구제하에서 이겨본 적이 없는 지역인 데다가 제 지역에는 유인태 의원님, 도봉갑은 故 김근태 의원님. 이런 민주당의 중진 선배님들이 딱 버티고 있는 지역이거든요. 그런데 여기서 아무것도 가진 거 없는 친구가 해보겠다. 그리고 이길 수 있다고 하면서 나왔으니까, 그것만큼 무모한 도전이 어디 있겠습니까?

당시에는 그런 생각을 했어요. 도봉산이라는 산도 큰 바윗덩어리에 불과할 수 있거든요. 그 바윗덩이를 열심히 깨면 돌덩이들이 될 것이고, 그걸 깨면 조약돌이 될 거고, 계속 깨다 보면 옥토가 될 수 있다. 사람이 있는 곳에 못 할 게 뭐냐. 그래서 부딪혀 보자. 겁이 없었던 거죠. 그래서 돌이켜보면 한 번 더 생각해 볼 걸 그랬나 하는 생각이 들기도 합니다. 그런 생각만 안 했어도 정치를 좀 쉬운 곳에서 편하게 했을지도 모르죠.

하지만 저는 절대 후회하지 않습니다. 여기가 정말 할 일이 많은 곳이거든요. 제가 강남에서 국회의원 해봐야 거기서 뭐 할 일이 있겠어요? 여기는 의미 있는 일들이 차고 넘치거든요. 그 일들을 처리하는 것도 워낙 바쁘다 보니 주민분들께서 오히려 제 걱정도 많이 해주시고, 일 잘한다는 칭찬도 많이 해주십니다. 국회의원이 일 잘한다는 소리 듣기 어디 쉬운가요? 그런 게 제 자부심이죠.

전혜인 그러면 18대 총선 때 통합민주당 유인태 후보를 꺾을 수 있었던 결정적인 이유가 뭐라고 생각하시나요?[22]

김선동 유인태 선배님을 이기게 된 것은 제 힘만으로는 도저히 안 되는 거였어요. 정직하게 말씀드립니다. 당시에 이명박 대통령이 당선되신 직후에 총선이 치러졌거든요. 우리 국민이 "이명박 대통령이 경제 살리겠다고 하는데 뒷받침을 해줘야 하지 않느냐?"라고 판단하셨던

---

22 2008년 4월 9일 치러진 제18대 총선에서 현역 국회의원인 통합민주당의 유인태 후보를 52.18%(37,228표)대 45.94%(32,777표)로 꺾고 초선 국회의원에 당선되었다.

김선동의 동문동답

것 같아요. 그래서 총선의 환경 자체가 저희에게 상당히 우호적이었습니다. 그래서 '소 뒷걸음치다가 쥐 잡은 격'이라고 저 자신도 많이 표현합니다. 물론, 최선을 다했습니다. 아무리 환경이 좋았다 하더라도 저는 절박했거든요. **"한 걸음만 더 걷자. 이 한 걸음이 승패를 좌우할 수 있다. 한 걸음만 더 걷자, 한 걸음만 더 걷자." 하면서 선거를 치렀어요. 어떤 날은 정신 차려보니까 제가 새벽 3시 반까지 걷고 있더라고요.** 그러면 곧 또 출근 인사드려야 되잖아요? 그렇게 새벽 별 보고 나와서 새벽 별 보고 들어가며 선거를 치렀습니다.

전혜인 그러면 그때 선거를 준비하면서 가장 힘들었던 점은 무엇이었나요?

김선동 그 앞단의 4년. 그 4년을 기다리고 준비하는 인고의 세월이 가장 힘들죠. 지금도 거의 4년이 다 지나고 있는데, 그 인고의 세월이 끝나리라 희망을 품고 있습니다.

이쌍규 의원님께서는 자신을 스스로 '근본주의자根本主義自'라고도 표현하시던데 무슨 뜻인가요?

김선동   선거는 이기는 게 목표잖아요? 그래서 승패에 방점을
두는데, 저는 절차와 과정이 더 중요하다고 생각합니
다. 정말 온 힘을 다하고 애를 써서 이긴 승리만큼 소
중한 결과가 없거든요. 그런 소중함을 알아야 일도 열
심히 하게 되는 겁니다. 그래서 선거할 때 할 만큼 다
했다고 생각이 들면 전 도봉구의 제일 변두리로 가서
선거 운동을 해요. 거기서 집까지 다시 걸어가면서 이
렇게 힘들게 당선이 되어야 이 의미를 더 깊이 새기고

'도봉구를 정말 사랑한다. 나랏일도 이런 마음으로 한다.' 이런 생각들을 많이 하는 편이고요. 그렇게 스스로 덫을 만들어 힘들게 몰면서 긍정적인 생각으로 극복해 내는 과정을 거칩니다. 그런 과정과 결과를 모두 중요시한다는 점에서 근본주의자라고 할 수 있죠.

이쌍규 결과도 중요하지만, 그 결과를 도출하기 위한 과정 자체도 모두 중요하게 여긴다는 거죠?

김선동 더 의미 있게. 더 힘들게.

전혜인 저도 블로그에서 봤는데 선거는 나와의 싸움이라고 하신 게 어떤 의미인지 궁금합니다.

김선동 흔히 선거를 상대 후보와의 싸움이라고 생각하잖아요. 예를 들어서, 저와 유인태 선배님 간의 싸움. 하지만 사실은 그것보다 훨씬 더 근본적인 싸움은 자기 자신과의 싸움이에요. 제가 앞서 '근본주의자'에 대해서 말씀드린 것과 같은 맥락입니다. 내가 정말 최선에 가깝게 뛰면 이기는 거예요. 많은 사람이 그걸 하지 못하기 때문에 상대방을 라이벌로 지칭하곤 하는데요. 진정한 라이벌은 자기 자신인 거죠.

전혜인　당시 주요 선거 공약으로는 어떤 걸 들고나오셨나요?

김선동　우리 도봉구는 서울특별시에 속해서 공장총량제[23]가 적용되다 보니 공장을 세우거나 유치할 수도 없어요. 그렇다면 새로운 발전 동력을 무엇으로 삼을지를 결정해야 하는데 저는 그것을 교육이라고 봤습니다. 그래서 도봉구민들에게 '교육일등자치구'를 만들겠노라고 약속드렸죠. 그리고 당선되고서 초선 임기 동안 초등학교, 중학교 다목적 복합체육관을 5개 학교에 지었어요. 흙바닥인 학교 운동장마다 잔디를 깔았고, 다양한 설비지원이 가능해지도록 했죠. 여기에 자율형 사립고등학교[24]인 선

23　**공장총량제.** 수도권의 과도한 제조업 집중을 억제하기 위하여 수도권(서울·인천·경기)에 허용되는 공장총량을 설정하고 이를 초과하는 공장의 신축·증축·용도변경을 제한하는 제도로 1994년부터 도입되어 시행되고 있다.

24　**자율형 사립고등학교.** 이명박 정부의 '고교다양화 300 프로젝트'라 불리는 국정과제와「초·중등교육법 시행령」개정 등 관계 법령 제·개정에 따라 사립학교의 건학이념에 따라 교육과정, 학사운영 등을 자율적으로 운영하고, 학교별로 다양하고 개성 있는 교육과정을 실시하는 고등학교다.

덕고등학교, 자율형 공립고등학교[25]인 도봉고등학교, 과학중점고등학교[26]인 창동고등학교. 이렇게 3종 종합세트를 전부 도봉 지역에 유치했어요. 참고로 도봉고등학교는 지원이 끊기는 바람에 내년에 폐교가 됩니다. 자율형 공립고등학교는 제가 전국에 10개 선정해주는 게임에 뛰어 들어가서 유치한 겁니다. 원래 10개였던 사업에 도봉고등학교가 빠져서 12개로 늘려가면서까지 유치한 건데, 학교가 폐교된다고 하니 얼마나 마음이 안타깝겠습니까. 하여튼 저는 그 당시에도 교육을 주요공약으로 냈었고, 교육이 중요하다는 생각에는 여전히 변함없습니다.

전혜인 18대 때 당선이 되면서 처음 국회에 입성하셨는데, 그 과정에서 가장 어려웠던 점이 있었다면 어떤 걸 꼽으시겠습니까?

---

25 **자율형 공립고등학교.** 공립 고등학교를 대상으로 교육감이 교육제도 개선 및 발전을 위해 필요하다고 인정하는 경우, 학교 또는 교육과정을 자율적으로 운영할 수 있도록 지정·고시된 고등학교다.

26 **과학중점고등학교.** 일반고 중에서도 커리큘럼이 수학, 과학을 중점으로 진행되는 학교다. 일반계 고등학교에 과학 중점 과정을 이수할 학생들을 모으는 형태고, 수업단위의 60%내외가 수학, 과학인 과학고등학교와는 다르다.

김선동 　국회에 들어가면 상임위를 고르게 됩니다. 그런데 지역 발전에 도움이 되는 상임위를 골라야 하잖아요. 제가 교육에 중점을 둔 공약을 냈기 때문에 그 약속도 지켜야 하고요. 그런데 초선이 '저 상임위 여기 보내주세요' 한다고 해서 시켜주는 게 아니에요. 더군다나 수도권 의원들은 서로 교육위원회에 들어가려고 하는 경향이 있다 보니 경쟁률이 상당히 높았습니다. 그래서 걱정을 많이 했죠. 첫발을 잘 떼야 뭐라도 잘해볼 수 있는데. 그때 제가 교육위에 못 들어갔으면 앞서 말씀드린 성과를 절대 내지 못했을 겁니다. 하지만 다행히 교육위에 들어가서 당시 이주호 교육부 장관 같은 분들과 함께 국정운영에 호흡을 맞추게 되었죠. 거기서 제가 일하는 스타일이나 이런 걸 높게 평가해주셨나 봐요. 그래서 교육위 예결위원회에서 제가 초선임에도 불구하고 예결위 여당 간사를 맡았습니다. 그래서 초선임에도 교육위원회, 예결위에서 중추적인 역할을 할 수 있는 행운을 누릴 수 있었죠.

전혜인 　초선 국회의원들이 가장 힘들어하는 것은 무엇이라고 생각하시나요?

김선동　저 같은 경우에는 청와대에서 일하고, 국회에서도 일하면서 들어갔기 때문에 어느 정도는 시스템을 알고 들어갔어요. 하지만 대부분 초선의원은 법을 만들 줄은 아는데, 지역에 예산을 확보하는 건 잘 모르는 경우가 많아요. 기재부가 어마어마한 조직이거든요. 거기서 예산 꼭지에 없던 것을 새롭게 끼워 넣는 일은 정말 쉽지 않습니다. 그래서 젊은 초선의원들이 일을 잘할 것 같지만, 그런 면에 있어서 굉장히 어쩔 줄 몰라 합니다. 그래도 저는 알고 들어갔으니까 초선의원 시절부터 예산 따오는 데는 귀재였어요.

전혜인　상임위 중에서 교육위를 선택한 이유가 있으신가요?

김선동　말씀드렸듯이 우리 도봉구는 서울은 공장을 지을 수도 없으므로 다른 성장동력을 찾아야 하는데 저는 그것을 교육이라고 봤습니다. '교육1등자치구'라는 지역 발전 전략을 세운 거죠. 교육 발전에 대해서도 늘 생각이 많았고요. 그런 생각에서 교육위원회에 들어가게 되니까 좋더라고요. 학교마다 현안사업들을 잘 챙길 수 있었고 일일이 학부모님들과도 소통할 기회가 많아서 굉장히 보람된 초선 임기를 보낸 것 같습니다.

이쌍규 '보이지 않는 초심의 덫'을 말씀하신 배경이 혹시 무엇인가요?

김선동　초심의 덫. 초심의 덫은 부정적인 표현이라기보다는 긍정적인 표현입니다. 초심을 잃지 않기 위한 장치들을 이야기하는 건데요. 제가 초선으로 들어갔을 때, 그런 마음속의 덫을 여기저기 설치해 놓았습니다. 가령, 지구당 사무실에 가면 원래 상석이 있고 거기에 소파가 양쪽으로 이렇게 놓여있는 구조로 배치가 되어 있잖아요? 저는 절대 상석에 앉지 않았습니다. 거기에 앉는 순간 초심이 무너진다는 거죠. 그리고 국회 본관의 문이 엄청나게 크잖아요. 문이 확 열리면 여름에 뜨거운 공기가 훅 들어가고, 겨울이 되면 찬바람이 획 들어가서 거기 근무하시는 분들이 많이 힘들어하십니다. 그래서 저는 그 문보다는 양쪽의 회전문을 이용했어요. 그곳에서 일하시는 분들에 대한 일종의 배려죠. 그런 보이지 않는 덫을 제 마음속에 많이 쳐놨습니다. 그런 덫에 걸리지 않으려고 스스로 경계를 많이 했고요.

국회의원들이 나중에 떨어져 보면 알아요. 국회의원일 때는 누구나 대접해주죠. 그러나 낙선하고 나면 상황이 달라집니다. 늘 상석, 가운데 자리는 내 자리로 생각하다가는 상처를 입는 경우가 많습니다. 그래서 어느 자리에 가든 "내 나이에 맞게 처신하자"라는 마음의 규칙을 늘 정해 놓고, 지키려 하죠. 자신을 스스로 경계하는 마음의 덫, 보이지 않는 '초심의 덫'이 정말 중요합니다.

113

김선동 마음의 편지

최선은 없다

(2020. 3. 17.)

최선은 없다.

흔히 '최선을 다했다'라는 말을 많이들 한다.

결론부터 말하자면 나는 그건 틀린 말이라 생각한다.

첫 선거 때다. 선거운동을 하면서 자정이 넘어도 "오늘 더 만난 한 사람이 당락을 바꿀 수 있다"라며 "한 발만 더 걷자, 한 발짝만 더 가자"라며 걷고 또 걸었다.

그러다 보니 이런 에피소드도 있었다. 나는 참 나쁜 후보였다. 당시 수행을 두 명이 했는데 매일 번번이 자정을 넘기고 또 새벽 출근까지 해야 하는 강행군이 계속됐다. 이런 상황이다 보니 운전을 하면 피로와 수면 부족에 사고가 날까 봐 교대로 운전을 하게 했다.

그래도 골목을 들어갈 때면 두 사람은 눈 좀 붙이라 하고 혼자 골목을 들고나오곤 했다. 어느 날 골목을 돌고 나와 출발하자 했더니 조수석에 타고 있던 녀석이 본인이 운전석에 있는 줄 알고는 눈도 못 뜬 채 위아래도 없는 운전대를 찾아 허우적대던 일이 있었다. 지금도 그때를 떠올리면 모두가 웃는 에피소드가 됐다.

선거를 치르면서 매일 '최선'이라는 것에 대해서도 생각해보게 됐다. 결론은 이랬다.

"세상에 최선은 없다. 다만 얼마나 최선에 가깝게 노력을 했느냐 하는 것이 있을 뿐이다."

새벽 4시를 넘겨 뛰었어도 한 발짝은 더 걸을 수 있으니 최선을 다했다는 것은 있을 수 없는 말이다. 그렇게 정말 열심히 했다. 스스로 최선에 가깝게 뛰었다고 인정할 만큼. 그래서인지 출전의 설렘이 있어야 할 투개표 날, 이미 승패에도 초연해있었다. 험지라는 곳에서 처음으로 앞서가는 개표방송이 나오자 지지자분들이 환호하며 함께 개표방송을 보자고 권유할 때도,

"아닙니다. 이 시간은 저를 위해 뛰어주신 분들과 함께하며 감사의 인사를 드리고 싶습니다."라며 찾아오시는 분들과 두 손 잡고 감사 인사를 드렸다.

다시 선거다. 이번 선거를 마치는 날 이렇게 자문자답을 할 수 있었으면 좋겠다.

"선동아, 그래도 이번에 최선에 가깝게 노력했어. 그렇지?"

"그래, 그런 것 같아."

나는 '본박本朴'이다

이쌍규 상도동계 막내라고 스스로 말씀하시는데, 박근혜 대통령과의 인연은 어떻게 시작되었나요?

김선동 저와 개인적인 인연은 전혀 없었어요. 그런데 당시 박근혜 대표의 비서실장이 계셨고 비서실에 부실장 자리가 공석이었습니다. 부실장의 역할이 '부副'자가 들어가니까 별 볼 일 없어 보여도 실무를 총괄하는 자리였어요. 비서실에 올라오는 모든 자료를 검토하고, 참석대상, 행사 판단, 행사 관련 스탠스 및 유의사항에 말씀자료까지 포함해 보통 일이 자정을 넘겨 끝나면 자택으로 보내드리는 업무로 정말 바빴죠. 그런 중요한 자리가 부실장인데, 6명의 후보가 있었다고 해요. 이름만 들으면 다들 아실만한 분들이죠. 그중에서 제가 운 좋게 낙점이 되었다고 하는데, 그 특별한 이유는 저도 아직 잘 모르겠습니다.

이쌍규 그러면 박근혜 정부의 초대 정무 비서관으로 가시게 된 것도 부실장으로 같이 일을 했던 연속 선상에 있었

던 거죠?

김선동 그렇습니다.

이쌍규 그런데 한 6개월 만에 그만두셨잖아요. 이유가 뭡니까?

김선동 6개월... 그건 제가 시간이 좀 지나면 말씀드릴 수 있을 것 같습니다. (웃음) 다 말씀드리는 것은 적절치 못하고, '너무 열심히 일하는 것이 꼭 장점이 아닐 때도 있다' 이 정도로 말씀드리겠습니다.

이쌍규 사퇴를 하시고서 하신 일을 보니까 한국청소년활동진흥원 이사장을 맡으셨더라고요? 나름 정권에서 배려해 준 겁니까?

김선동 그렇죠. 보통 배려가 흔치 않은데 저는 교육 쪽 일을 꾸준히 해왔기에 한국청소년활동진흥원의 이사장직을 맡게 되었어요. 덕분에 저는 야인으로 있는 동안 우리 청소년들과 함께 아주 의미 있는 시간을 보낼 수 있었어요.

청소년 활동진흥원이라는 기관은 우리 청소년들이 늘 공부만 하는 게 아니고, 균형 있게 성장할 수 있도록 여러 가지 체험 활동의 기회를 제공하거나 자기계발이 가능하도록 지원해주는 기관이에요. 산하에는 직할로 전국에 전문적인 기관들이 여러 곳에 있죠. 중앙청소년수련원, 우주센터, 농생명센터, 해양센터 등. 우리 청소년들이 꿈을 키울 수 있는 체험교육을 체계적으로 지원하는 수련원 등을 운영하고 있습니다.

제가 이사장을 맡으면서 먼저 청소년계의 힘이 많이 약하니까 그만큼 여야가 힘을 합쳐야 한다고 생각해서 초당적 협력체를 구성하는 것으로 시작했어요. 위원회를 구성하는 단계에서부터 야당 출신 분들을 많이 참여시켰고요. 청소년계를 놓고 보면 야당 쪽 분들이 그동안 많이 이바지해 오셨거든요. 그래서 그걸 충분히 다 반영하도록 했습니다. 그래서인지 몰라도 제가 총선에 출마하기 전에 열린 마지막 국정감사에서 민주당 의원들이 저한테는 질문이나 지적사항이 제로였어요.

한켠으로는 지적사항이 없어 편했지만 그래도 준비를 정말 많이 해갔기 때문에 아쉬움도 있었습니다. 어떤 질문이 오면 '저희가 그렇지 않아도 이렇게 준비하고 있고, 거기에 더해서 이런 것도 준비 중입니다' 해야 하는데 그 기회조차 안 오더라고요. 그래도 제가 정치적으로 할퀴고 그럴만한 대상이 아니라는 인정을 야당에서도 해주신 거로 생각하고 있습니다. 그때 상임위 위원장이 민주당 김상희 위원장이셨는데, 제가 기관장으로 가서 처음 데뷔할 때부터 '우리 김선동 의원은 초선 때 저랑 같이 일을 했고, 아주 훌륭한 분이다' 이런 식으로 소개도 해주셨던 것도 기억나는데, 그렇게 여야가 함께 잘 도와주셔서 별 탈 없이 제 소임을 다 할 수 있었죠.

이쌍규 청와대에 계실 때도 그렇고, 지구당 위원장도 하시고 하면서 박근혜 대통령의 리더십을 직접적으로 목격하실 기회가 있으셨잖아요. 그분이 공功도 있고 과過도 있고 하겠지만 박근혜 대통령의 리더십은 어떻게 평가하십니까?

김선동 짧게 두 마디로 하면, 정말 깨끗한 리더십, 그리고 애국 리더십. 그렇게 말씀드리고 싶습니다. 제가 청와대에서 나올 때, 마지막으로 건의 드리기를 '제발 좀 대통령 시계를 만드셔서 같이 선거 운동한 분들에게라도 드렸으면 좋겠다'라고 했는데, 그것도 상당 기간 안 하셨어요. 그것도 국민의 세금인데 1원도 허투루 쓰면 안 된다는 생각을 가지고 계셨던 거예요. 나중에 '7시간'의 프레임에 걸려서 고생도 하셨는데, 제가 본 박근혜 대통령은 1분 1초도 시간을 허투루 쓸 수 없는 것이 대통령이라는 생각을 가지고 직무에 임하셨던 분이셨습니다. 그런 분이 나중에 다들 아시는 그런 사태 때문에...

이쌍규 결국에는 탄핵당하셨잖아요. 예전에 모시던 분이 탄핵당하는 과정에서는 다시 원내에 계시지 않았습니까?

김선동 탄핵당하실 때는 제가 원내수석을 하고 있었을 때예요. 여당 원내수석을 하다가 야당 원내수석이 된 거죠. 여당 원내수석이었을 때 탄핵국면에서 청와대 참모들과 소통을 많이 했는데, 그때 청와대가 판단을 제대로 못 하고 있었습니다.

이쌍규   어떤 판단을?

김선동   참모들은 탄핵이 안 될 거로 생각을 했던 거죠.

이쌍규   의원님은 예상했었나요?

김선동   저는 탄핵이 안 되기에는 너무나 상황이 여의찮다고 생각하고 있었어요.

이쌍규   그러면 그게 개인적으로는 어떻게 다가오셨나요?

김선동   힘들죠. 무척 괴롭고. 정말 괴롭고 힘든 시기였습니다. 그 당시 추석 명절 때 지역에 인사하러 나가야 하잖아요. 저는 그래도 매를 맞더라도 나가서 인사를 드려야 된다고 생각해서 재래시장부터 쭉 인사를 드리러 갔어요. 그때 기억에 남는 게 한 분이 저한테 바로 앞에서 대놓고 "야! 김선동! 네가 왜 그 당에 아직 있냐?" 하시는 거예요. 그런 분이 딱 두 분이 계셨는데, 사실은 많

은 분이 비슷한 생각을 하셨을 거로 생각해요. 참아들
주신 거죠. 저는 그런 마음들을 알고 있었고 이렇게까
지 배려해주시는구나, 생각하면서 오히려 가슴이 뜨거
워지더라고요. 누구나 돌을 던질 수 있는 상황에서도
그렇게 하지 않으셨으니까요.

이쌍규 의원님은 자신을 친박^{親朴}인사라고 생각하십니까?

김선동 우리 언론에서 그렇게 분류하죠. 상황이 어려울 때도

친박이냐 물으면 저는 한술 더 떠서 저는 친박 말고 본박本朴이라 불러달라 그랬습니다. 저는 한 번도 친박이라 불리는 사람들이 만든 어떤 헤게모니나 패거리 짓에 가담해 본 적도 없어요. 저 나름대로 중심을 갖고 정치를 하는 사람이고 기왕에 부를 거면 '본래 박근혜 인사'라고 부르라는 거죠. 상황이 나쁘다고 비겁하게 아니라고 하는 사람이 되기 싫어서요.

이쌍규 일부에서는 과거의 친박 인사들이 2024년 총선에 TK를 중심으로 해서 출마할 거라고 예상을 많이 하던데, 그분들의 총선 출마에 대해서는 어떤 생각을 가지고 계시는가요?

김선동 그분들 중에는 굉장히 어려운 시기에 감옥에서 영어의 생활을 보내신 분들도 계시잖아요? 그런 어려운 대가를 치르신 분들이 출마하느냐 마느냐는 그분들 스스로 판단해야 하는 문제가 있을 것이고요. 두 번째로는 선거구민들이 그것을 이해할 수 있느냐의 문제가 있을 것입니다. 그다음에는 당이 그분들을 공천하느냐 마느냐의 고민이 있겠죠. 그런 여러 층위가 있는 의사결

정이라 제가 되네, 안 되네 하면서 남의 인생을 함부로
재단하고 싶지는 않네요.

다시 국회로

전혜인 2012년이 되어서 19대 국회의원 선거에 재선 도전을 하셨습니다. 하지만 당시 민주통합당 유인태 후보에게 밀려서 실패하셨는데요.[27] 그 이유는 뭐라고 생각하십니까?

김선동 우선, 유인태 선배님께서는 워낙 훌륭하신 분이세요. 장점도 많으시고. 여야를 떠나서 한국 정치의 큰 어른으로서 더 큰 역할을 부여받아 의미 있는 활동을 더 해주실 수 있지 않았을까 싶은데요. 제가 정치를 하면서

---

27 2012년 4월 11일 치러진 제19대 총선에서 민주통합당의 유인태 후보에게 51.06%(43,784표)대 47.19%(40,464표)로 패배하였다.

도 유인태 선배님만은 비켜 갔으면 얼마나 좋았을까 생각이 들 정도입니다. 그런 면에서 한편으로 마음속으로 늘 미안한 마음이 있는 것도 사실이고요. 그런데 하필이면 제가 사는 곳에서 정치를 하시니 맞닥뜨릴 수밖에 없었죠. 선배님께서 워낙 훌륭하신 분이기 때문에 졌다는 것이 우선 컸습니다.

다른 한 가지 작은 이유가 있다면 저에게 있는데요. 저는 일만 열심히 하면 사람들이 알아서 평가해주실 거로 생각했었습니다. 하지만 그게 아니더라고요. 제가 일을 했으면 그걸 소통을 통해서 나누고 자기 홍보도 열심히 하고, 그랬어야 했는데 그 점이 부족했던 것을 느낍니다. 예를 들어서, 제가 도봉구 방학역, 도봉역에 엘리베이터를 설치하게끔 해놨는데 경로당에 가보니까 민주당 구청장이 한 거 아니냐 하는 거예요. 일한 만큼 한 일을 알리는 노력이 필요한 것 같습니다.

이쌍규 초선하시고, 그다음에 낙선하시고, 다시 재선에 도전해서 원내에 입성하셨잖아요. 시간이 많이 지났는데 처음 국회의원 하셨을 때와 느낌이 무엇이 다르던가요?

김선동 초선 때는 '자신감'과 패기로 했죠. 도봉구가 우리 당 입장에서는 정말 불모지고 어려운 지역인데 못할 거 없다 하고 뛰어든 거죠. 그런데 떨어지고 나서 다시 재선을 준비할 때는 어떤 '의무감'으로 했어요. 4년을 굶으면서 보니까 지역에서 추진되었던 일이 하나도 진척이 안 되고 오히려 후퇴하는 것을 보면서 '내가 떨어지면 그것은 우리 도봉발전에 내가 죄를 짓는 거다.'라는 생각이 들었거든요. 그런 무게감의 차이가 있었습니다. 거기에 더해서 지역뿐 아니라 국가 전체의 수준과 한반도의 미래를 위해서도 내가 가지고 있는 생각을 펼칠 기회를 얻어야 하겠구나 하는 사명감 같은 것들도 있었습니다.

이쌍규 재선再選의원으로서 가장 중점적으로 하신 일들은 뭡니까?

김선동 사실, 재선되자마자 탄핵국면을 맞이했거든요. 참 기구한 그런 운명의 시간을 보내야 했습니다. 앞서 말씀드린 것처럼 하고 싶었던 일들도 많았고, 해야 하는 일들도 많았는데, 당을 지키고 건사하는 소임을 수행하는 데 시간을 다 빼앗겨야 했어요. 등원하자마자 김희옥 비대위원장 체제[28]에서 제가 비서실장을 맡았거든요. 거기서 하도 진이 빠져서 그만하고 잠깐 해외로 도망가기도 했는데, 정우택 원내대표가 원내수석을 해달라고 해서 그걸 맡게 되었습니다. 그러다 김병준 비대위원장이 여의도연구원장을 맡아 달라고 해서 그것도 맡아야 했고. 뭘 해볼 수 없는 상황의 연속이었어요. 당시 우리 당이 손가락질받고, 지지도가 5%였으니까 얼마나 그게 수치스럽겠습니까. 그때 탈당을 해서 바른정당이란 걸 만드신 분들도 계셨어요. 하지만 저는 제가 정치를 다시 못 하는 한이 있더라도 지금 서 있는 자리에서 매를 맞는 것이 맞는다고 생각했습니다. 어떻게 보면 되게 미련하고 어떻게 보면 우직하게 버틴 그런 시간이었죠.

---

28 **김희옥 비대위 체제.** 20대 총선 참패에 책임을 지고 물러난 김무성 전 대표를 대신해 새누리당 지도부를 구성했다. 앞서 정진석 원내대표가 구상한 '김용태 혁신위'가 친박(친 박근혜)계의 거부로 실패로 돌아가는 등 한 차례 내홍을 겪은 뒤 구원투수로 등장했다. 하지만 비박(비 박근혜)계 유승민 의원을 포함한 무소속 의원 7인의 일괄 복당이 결정되자 김희옥 위원장은 당무를 거부하고 칩거에 들어갔으며 결국, 정진석 원내대표의 사과와 권성동 사무총장의 사퇴로 마무리되었다. 비대위 체제는 그 역할은 못 한 채 전당대회 관리기구로 전락했다는 평가를 받으며 70일 만에 활동을 종료했다.

이쌍규 그러면 재선의원 시절, 가장 후회되는 부분이 어떤 건 가요?

김선동 재선의원 시절에 우리 초재선 의원들이 저를 당 원내대표를 시키려고 했었어요. 그래야 당이 개혁의 계기를 확보할 수 있고, 총선에도 승리할 수 있다는 여론이 적지 않았어요. 그래서 끌려나가다시피 해서 투표일 하루 전에 입후보해 공동 2등으로 낙선한 일도 있거든요. 스스로 원했던 일은 아니지만, 그때 원내대표에 당선되었더라면 중앙 정치 무대에서 제대로 된 정치를 통해 보여드릴 수 있는 것이 많지 않았을까 하는 아쉬움은 좀 남더군요.

이쌍규 초.재선의원들이 당시 왜 의원님에게 원내대표 출마를 권유했을까요?

김선동 우리 당이 총선을 앞두고 변화하는 모습을 보여줘야 한다는 절실함이 있었어요. 당이 엄청난 위기 상황이었고, 상대 당에서 선거법, 공수처법 같은 걸 밀어붙이려는 상황이기도 했고요. 그러려면 원내대표에 새로운 리더십이 필요했어요. 그 짐이 저한테 온 거죠. 하지만 당시 제가 가진 확고한 원칙 중 하나가 당의 원내대표는 선수와 경력이 굉장히 중요하다는 거예요. 그래야 리더십이 생길 수 있다고 믿었고요. 그런 기준에 저는 부합하지 않기 때문에 계속 고사했습니다. 끝까지 고사하려 했는데 지금도 마음속으로 정말 훌륭하다고 생각하는 모 의원이 제게 "김선동이 네가 나서지 않는다면 그것은 당의 개혁을 외면하는 거다. 진짜 그럴래?"라고 하더라고요. 그 소리를 듣고서 안 나갈 수가 없더라고요. 그래서 제가 되면 안 되는 자리라고 생각했음에도 나가게 되었습니다.

사실, 제가 원내대표가 되면 보나 마나 도봉구에서 무조건 낙선이에요. 원내대표가 돼서 안 싸울 수가 없잖아요. 아닌 줄 알면서 스스로 어려운 길을 갔던 겁니다. 당시에 제가 될 거라는 전망이 많았는데,[29] '황심(黃

---

29 선거 전까지 김선동 의원이 유리하다는 관측이 우세했다. 초·재선 의원들이 당 현역 의원 108명 중 70%에 육박하는 73명이나 되는 데다, 김 의원은 당내 초·재선 의원 모임인 '통합과 전진'의 지지를 받는 것으로 알려졌다. 특히 윤상현(3선, 인천 미추홀구 을) 의원이 경선 직전 "초·재선의 혁신 의지에 양보한다."라면서 출마를 철회한 것도 '친 황 단일화'의 일환으로 해석하는 의

心. 황교안의 뜻)논란[30] 같은 것들이 터지면서 하룻밤 사이에 변수가 생기는 바람에 공동 2등으로 마무리됐죠.

이쌍규 재선 임기를 잘 수행하고 계시다가 2020년 4월 15일에 치러진 제21대 총선에서 3선에 도전했다가 오기형 후보에게 가로막혔습니다.[31] 초선 때는 일만 열심히 하고 홍보가 부족해서 졌다고 하면, 3선 도전에 실패한 원인은 뭐라고 생각하십니까? 그 당시의 정치적 상황이 호락호락하지 않아서일까요?

김선동 보통 근소한 차이로 지고 나면 여러 가지 핑계를 찾게 되는 게 인지상정이죠. 저도 이런저런 생각을 많이 해봐요. 그런데도 제가 남들이 따라오지 못할 정도로 압도적으로 잘했다면 시대적인 상황이고, 정치적 환경이

견이 많았다.

30 **황심 논란.** 당시 당 대표 황교안의 뜻이 김선동에게 있다는 논란. 보도로는 황교안의 최측근들이 의원들에게 김선동 의원을 뽑으라고 전화를 걸었고, 그것이 역효과를 내면서 당시 유력후보였던 김선동 의원이 2등으로 밀려나게 되었다고 한다.

31 더불어민주당의 오기형 후보에게 53.01%(51,756표)대 45.63%(44,544표)로 패배하였다.

김선동의 동문동답

고, 홍보고 하는 핑계를 찾지 않았어도 되었겠죠. 그런 측면에서 제 허물이 없었다 할 수 없다고 생각합니다. 그 책임은 당연히 저에게 있는 것이고요. 오기형 후보의 경우에는 문재인 영입 5호 인사라는 그런 기대감을 안고 선거를 치렀고, 그게 구민들 입장에서는 신선하게 다가왔던 것 같아요. 그런 여러 가지 요인들이 합쳐져서 제가 고배를 마신 것이 아닌가 싶어요.

이쌍규 보통 의원님에 대한 평가를 보면, 합리적이고 일을 잘한다는 이야기가 많습니다. 하지만 인지도가 없다거나 무색무취하다는 평가도 있는데, 이유가 뭐라고 생각하십니까?

김선동 그런 말씀을 많이 듣습니다. 옆에 있는 신지호 의원[32]은 TV에도 많이 나가고 하는데, 김선동은 왜 안 나가느냐고도 하시죠. 하지만 저는 지역정치인이 지역 유권자의 구조를 제대로 살피고 그 유권자들의 마음을 잘 헤아려야 한다고 생각해요. 우리 지역구는 민주당

---

32 서울시 도봉갑 제18대 국회의원.

을 지지하는 유권자분들이 많은 지역이잖아요. 그런데 제가 TV 토론 나가서 어떻게든 이기거나 튀어보겠다고 상대를 할퀴는 발언들을 쏟아내게 되면 우리 당 지지자분들에게는 박수받을지 모르지만, 지역의 유권자분들에게 상처가 될 수도 있다고 생각했습니다. 만약 정책이나 비전, 콘텐츠를 가지고 토론을 하는 거면 전 자신 있습니다만, 현실적으로 토론이 그런 식으로 흘러가는 경우가 잘 없잖아요. 그래서 TV토론에 나가서 일회용 소모품으로 쓰이기보다는 묵묵히 제가 해오는 일로 승부를 보겠다는 마음으로 초선 시절을 보냈고요.

재선 때는 말씀드렸다시피 우리 당의 지지도가 5%로 떨어져서 소멸하여야 하는 정당이라는 저주까지 받는 상황이지 않았습니까? 당이 그런 상황에서 제 인지도를 높이는 일을 하는 것도 적절치 않았습니다.

만약 3선이 되면 자연스럽게 스피커가 커지겠죠. 리더십을 발휘할 기회도 커질거구요. 리더십에는 여러 유형이 있겠지만, 저는 보스십(Boss-ship)이 아니라 리더십(Leader-ship)의 정치인이 되고 싶습니다. 몇 사람을 지배하는 보스십 보다는 다수와 함께하는 리더십의 정치인이고 싶습니다.

이 한 몸, 당을 위하여

이쌍규 황교안 체제에서 홍준표 체제 등을 거치면서 꾸준히
당직을 맡으셨더라고요. 홍준표 대표 체제에서도 당이
아주 힘들었죠?

김선동 다 힘들었죠.

이쌍규 그때 당시의 심경은 어땠나요?

김선동 그때는 제발 당직에서 풀어달라고 하고 싶은 상황이었
어요. 제가 재선 국회의원이던 2018년에는 김문수 당
시 서울시장 후보가 캠프 선대위원장을 맡아달라고 그

러시더라고요. 선대위원장이라는 자리가 엄청나게 고생하는 자리거든요. '아이고, 진짜 그것만은 하기 싫은데, 그동안 못 챙긴 도봉구나 좀 챙겨야 하는데'하고 생각했지만 할 수 없이 맡게 되었습니다. 탄핵정국 이후로 대선정국 때도 그렇고 우리 당 지지율이 엉망이었잖아요. 그러면 전체적인 당에 대한 이미지나 민심이 회복되어야 미래가 있다는 생각에 투혼을 발휘해야겠다는 생각을 한 거죠. 이철우 경북도지사께서 당시 사무총장이었어요. 이철우 형님이랑 저랑 정말 당사에 침대 갖다 놓고 퇴근 안 하고 선거 끝날 때까지 거기서 지냈어요. 정말 모든 걸 다 던져서 선거를 치른 거죠. 정말 그때도 밖에 나가기만 하면 욕먹고 힘들고 그런 판에서 어떻게든 최선을 다해서 일사불란하게 캠페인하고 영차영차 했던 기억이 나네요.

이쌍규 홍준표 대표와는 좀 친하신가요?

김선동 인연이 있죠. 제가 초선일 때 원내 부대표로 같이 일을 했었고, 홍 대표께서 대선 치를 때도 제가 종합상황실장을 맡았었습니다.

이쌍규 홍준표 대표의 리더십을 평가해 본다면?

김선동 다들 똑같이 느끼시는 거 아닌가요? (웃음)

이쌍규 뭐 어떻게?... (웃음)

김선동 좀 엉뚱해 보이시기도 하지만 소신이 있으시고, 정확한 직관력을 갖고 계시죠. 일각에서는 정 없다고도 하는데, 사실은 속정이 되게 깊은 정치인이라고 저는 판단합니다.

이쌍규 이후에 김병준 비대위 체제에서는 여의도연구원장을 맡으셨잖아요. 일반 국민은 여의도연구원에 대해서 잘 모르는데 어떤 곳인지 소개를 부탁드립니다.

김선동 미국에는 헤리티지재단(Heritage Foundation)[33]이 있지 않습니까? 여의도연구원은 헤리티지 재단처럼 보수의

---

33 **헤리티지 재단(Heritage Foundation).** 개인과 기업의 자유, 작은 정부, 미국의 전통적 가치관, 강력한 국방정책 등을 지향하는 미국 내 대표적인 보수주의 연구 교육기관이다.

콘텐츠를 만들어내기 위한 연구를 진행하는 싱크탱크로 설립된 곳입니다. 초기에 여의도연구소라 하면 위상이 굉장했어요. 여의도연구소에서 하는 여론조사는 대한민국에서 가장 신뢰할 수 있는 여론조사로 정평이 날 정도였죠. 지금은 그때보다 그 위상이나 기능이 많이 떨어져 있는 상황이에요. 야당이 되면서 당이 많이 어려워져서 그런 겁니다. 국가에서 정당 정책연구소에 할당된 예산이 있다 보니 내려보내 주는데, 그 예산의 상당 부분이 사무처 당직자들의 임금이나 비용에 쓰이다 보니까 정책개발이나 연구에 쓸 예산이 부족한 거죠. 과거에 당이 잘될 때는 당비도 잘 모이고 하니까 운영할 수 있었던 시스템과 체계들이 제대로 발휘되지 못하고 있는 거죠. 지금은 박수영 원장이 그래도 애를 쓰면서 운영을 잘해 나가고 있는 것 같아요.

이쌍규   김병준 위원장과는 개인적으로 인연이 있으십니까?

김선동   전혀 없었어요.

이쌍규   전혀 없는데도 여의도연구원장을 맡아 달라 한 건가요?

김선동 그래서 저도 깜짝 놀랐어요. 부담스럽기도 했고요. 통상적으로 비대위원장이 결정되면 사무총장부터 임명하시는데, 여의도연구원장을 먼저 임명하시고, 그다음에 사무총장을 임명하시더라고요. 그만큼 중요하다고 생각해서 신경을 쓰신 거죠. 아마 당신께서 교수 출신이니까 비전으로 승부를 보겠다고 해서 그랬던 것 같아요. 여의도연구원이 그런 비전과 전략을 제시하는 역할을 해줘야 한다고 보신 거죠. 그러면 그 자리가 얼마나 부담스럽겠습니까? 당신도 아이노믹스 등 여러 가지 계획을 갖고 계셨는데, 그걸 연구원에 맡기면서 해낼 수 있겠냐고 물으시더라고요. 그래서 할 수 있다고 말씀드리고 비전 수립 초기 작업을 어느 정도 도와드렸죠.

이쌍규 그 이후에는 김종인 위원장이 들어왔는데, 그분과는 개인적인 인연이 없으신가요?

김선동 전혀 없었죠.

이쌍규 그러면 그때도 전혀 알지 못하는 상태에서 사무총장을 맡으신 거네요. 그 배경에 대해서 들은 얘기는 좀 있으십니까?

김선동　나중에 듣기로는 당에 대한 이해도가 높고, 정말 실무를 잘 처리할 수 있는 역량을 갖춘 사람을 찾으셨다고 하더라고요. 지역구 국회의원이 사무총장을 맡으면 지역구 활동하다, 상임위 활동하다 가끔 당에 와서 결제하고 그러는 경우가 허다해요. 그런 사람 말고, 당의 사무를 다 챙길 줄 아는 사무총장이 필요하셨던 것 같아요. 그러다 보니 전혀 인연도 없는 제게 오퍼를 하게 되셨고, 원외에 있던 제가 당의 사무총장 역할을 하게 된 겁니다. 아마도 원외 사무총장은 제가 처음일 거예요.

이쌍규　원외 사무총장은 저도 처음 들어보는 것 같습니다.

김선동　그 전에 없었을 겁니다. 원외인사가 하다 보니 일에 집중할 수 있잖아요. 그래서 그게 좋은 선례가 되었나 봐요. 그러다 보니 제가 사무총장직을 수행하다가 서울시장 한다고 튀어나왔을 때, 우리 강북구의 선배 정양

석 의원님이 원외 신분으로 제 후임 사무총장이 되셨습니다.

이쌍규　사무총장 하실 때, 당사를 사셨죠?

김선동　그렇습니다. 그때 당사를 샀는데, 그게 굉장히 의미 있는 당사에요. 저희가 한 16년 정도를 당사 없이 전전했는데, 당사 없이는 대선을 치를 수 없겠다는 판단이 들더라고요. 당의 구심점이 되는 장소가 당사인데. 김종인 비대위원장님과 생각이 같았어요. 당시 당에 돈도 별로 없었어요. 그런 상황에서 당사는 또 비싼 여의도에 있어야 했구요. 그래서 비용검토를 해봤어요. 그런데 우리가 지불하고 있던 임대료와 우리 시도당 건물을 담보로 대출받아 내야 하는 이자를 비교를 해보니 이자가 더 싸더라고요. 그래서 우리가 어차피 국민 세금과 당비로 운영되는 정당인데, 비용이 줄면 그만큼 신세를 덜 지는 거니까 담보대출을 통한 매입으로 가자고 결정이 된 겁니다.

비용문제는 그렇게 해결되었는데, 그다음 문제가 있

었어요. 여의도의 건물들은 대부분 소유권을 한 사람이 가진 것이 아니에요. 집합 건물이거든요. 그러면 개별적으로 다 계약을 해야 하는 부분이 있었고요. 또 당사 구매 진행도 소리 없이 진행해야 했어요. 건물을 구매한다는 사실이 노출되면 청와대 쪽에서 사지 못하게 방해할 수도 있기 때문이었어요. 여기에다 언론에서도 수백억대 당사 산다고 비판기사가 나올 수도 있는 상황이었거든요. 그래서 계약당일 정치 반장들 한 일곱 분하고 점심을 먹는데도 이분들한테 사실대로 이야기를 못 했어요. 조금 더 보고 있다. 이런 식으로 말씀을 드렸거든요. 그렇게 긴장을 늦추지 않으면서 진행해서 결국에는 성사를 시켰죠.

사실 대단한 규모의 당사 구매에는 언론에서 비판론이 나올 법도 한 일이었어요. 하지만, 대선을 치르기 위해서는 꼭 당사가 있어야 한다며 "집안이 어려워도 형제가 한 집에 모여 살아야 그 집이 일어날 수 있다"라며 진정성 있는 호소를 한 덕에 적잖은 규모의 예산이 들어가는 당사 구입에도 비판기사가 거의 없었어요. 지성이면 감천이라고, 덕분에 정말 축복 속에서 지금의 당사에 입주할 수 있었습니다. 그 당사가 없었다면 대선을 치르는 것도 어려웠을 거고, 당이 깨지기도 쉬웠을 거로 생각합니다. 그만큼 당사가 어마어마한 구심점이 되었다고 생각합니다.

이쌍규 김종인 위원장 계실 때, 사무총장으로 가까이서 일을 해보셨는데, 김종인 위원장의 리더십은 어떻게 평가하십니까?

김선동 전략과 통찰을 갖춘 분이세요. 항상 준비되어 있으시고. 시대정신, 시대의 좌표를 딱 보시고 거기에 맞는 수를 딱 두시죠. 그러니까 다 망가져 있는 정당에 승리하게 만드는 마법을 부리신 것 아니겠습니까? 이러저러한 평가도 있지만 적어도 저는 김종인 비대위원장이 갖고 계신 그런 통찰력과 전략적 리더십을 굉장히 높게 평가합니다. 어떤 경우에도 막힘이 없으신데, 반대로 절제하는 능력도 갖추고 계시거든요. 해야 할 얘기, 안 해야 할 얘기 탁탁 구별하시고. 그런 능력을 갖추기 쉽지 않습니다. 그리고 부러울 정도로 건강하세요. 같이 지방 내려가면 우리는 입에 단내가 날 정도로 힘든 일정을 소화하는데도 멀쩡하시더라고요.

이쌍규 지금은 당직 맡고 계신 게 있으십니까?

김선동 지금은 중산층·서민경제위원회라는 상설위원회가 있는데요. 김기현 대표가 맡아달라고 해서 위원장을 맡고 있습니다.

이쌍규 거기서 어떤 일을 하고 있으신가요?

김선동 설립 취지나 이런 건 당헌. 당규상에 나와 있습니다만, 제가 생각건대 우리 대한민국이 건강한 국가·사회적 틀을 갖추기 위해서 중산층을 두텁게 보호, 육성해야 한다고 생각합니다. 그런데 지금 보면 전반적으로 중산층이 굉장히 얇아지고 규모도 줄어드는 상황이라서 중산층을 어떻게 복원할 것인가에 대한 방법론에 대해서 굉장히 고민을 많이 하고 있고요. 제가 염두에 두고 있는 게 있어서 그걸 이번에, 당에서 공식화하려고 시작을 준비하고 있습니다. 서민경제의 측면에 있어서 서민과 약자를 보호하기 위한 구체적인 여러 가지 제도적 장치를 만들어 가야 한다고 생각합니다. 그걸 정책을 통해 이야기해야겠죠. 우리 국민의힘에 여러 상설위원회가 있습니다만 국민의 실생활에 와 닿는 정책들을 펼칠 수 있는 아주 좋은 위원회라고 생각합니다. 그래서 제가 딱 하고 싶은 위원회였는데 마침 기회가 되어서 제가 이렇게 맡게 되었으니 행운이죠. 열심히 해서 꼭 우리 당이 우리 국민에게 다가서고 서민들에게 호응받는 그런 정당이 될 수 있도록 해나갈 생각이에요.

이쌍규 의원님은 원내에 계시든 원외에 계시든 계속해서 당직을 맡아 정치를 하고 계시잖아요. 당직자로서 제일 힘든 건 뭔가요? 원내에서 당직을 맡을 때와 원외에서 당직을 맡을 때와의 차이가 큰가요?

김선동 배지가 있을 때와 없을 때의 목소리 값이 다릅니다.

2부 김선동의 삶

서울시장 선거에 뛰어들다

전혜인 2021년에 국민의힘 서울시장 후보로 출마하셨는데, 이
유가 무엇이었나요?

김선동 제가 사무총장을 맡아서 일하다 확 튀어 나가서 우리
김종인 비대위원장님께서 깜짝 놀라셨을 거예요. 제가
당시에 생각했던 건, 서울시를 바꾸어야 대한민국이 바
뀐다는 거였어요. 서울은 원래 우리에게 기회의 땅이고
도전의 땅이었습니다. 그래서 과거에도 논 팔고 밭 팔아
서 서울로 많이들 올라왔잖아요. 올라오면 일자리도 있
고, 대학도 있고. 그런데 언제부터인가 이 기회의 땅이
너무나도 살기 힘든 도시가 되었고, 열심히 일한 사람이

가지고 있는 집 한 채 자체가 세금 덩어리로 변해버렸어요. 이래서는 대한민국에 희망이 없습니다.

그 선거 자체가 박원순 전 시장의 불의의 사고로 치르게 된 거 아니겠습니까? 물론, 그분도 훌륭한 분일 수 있죠. 하지만, 그 사건을 차치하고서도 박원순 시장이 서울을 이끌어 가시는 걸 보면서 저분의 리더십은 서울이라는 메트로폴리탄 시티(Metropolitan City)와 맞지 않는다고 생각했습니다. '공동체 만들기' 같은 정책이 더 필요한 지역에서 단체장을 하셨으면 그것대로 굉장히 빛이 났을 텐데, 서울은 그런 도시가 아니거든요.

서울에 지금 급한 게, 골목에 벽화를 그린다거나, 도시 농업사업을 펼친다거나 하는 건 아니에요. 물론, 도시 농업도 매우 중요합니다. 하지만 그걸 전면에 세워야 하는가에 있어서 우선순위의 문제가 있다는 거죠.

서울은 서울이 제일 잘할 수 있는 걸 우선으로 해야 합니다. 대한민국의 수도이지 않습니까? 저는 서울에 크게 세 가지 자산이 있다고 생각해요. 첫째는 서울시민입니다. 2차 세계대전 이후에, 세계에서 가장 가난한 나라에서 지금의 대한민국이 있기까지 그 위대한 성취와 보람의 역사를 만든 노 하우(Know-how)와 노 와이(Know-why)를 갖춘 서울시민이야말로 매우 큰 자산이죠. 두 번째로는 세계적인 기업들이 있다는 점이고요. 세 번째는 세계적인 대학들이라는 존재입니다. 이 세 가지 자산을 융합하면 서울이 다시 도전과 기회의 땅이 될 수 있습니다.

당에서 공식적으로 출마의 변 PPT를 요구할 때, 저는 유니버시티(UniverCity)를 만들겠다고 비전을 밝혔습니다. 우리가 대학이라고 하면 영어로 유니버시티(University)라고 하잖아요. 뒤의 시티를 City로 바꾼 합성어로 한 거예요. 요지는 이겁니다. 기업과 대학이 조인트를 해서 프로젝트를 제안해라. 그러면 서울시에서 적극적으로 밀어주겠다는 거죠. 그렇게 해서 서울을 청년들에게 대한민국이 다시 박동하는 기회의 땅이 될 수 있도록 만들어 주자는 전략인 겁니다. 가령, 삼성과 서울대, SK와 연세대가 손을 잡고 프로젝트를 제안합니다. 그러면 시에서는 그 프로젝트를 진행할 수 있도록 용적률을 충분히 줘서 참여하는 청년들이 전세를 얻지 않아도 생활할 수 있는 기숙사, 연구를 진행할 수 있는 연구실, 복지를 위해 필요한 수영장, 헬스장, 영화감상실들을 모두 제공해주는 거죠. 기업으로서는 좋은 인재를 확보해 실제로 테스트해보면서 프로젝트를 진행할 수 있고, 청년들은 집 걱정 안 하고 일도 하면서 공부할 수 있게 될 겁니다. 지역 불균형이 문제가 된다고 하면 서울에서의 성과를 지방과 공유한다는 원칙을 세워주면 됩니다. 그렇게 서울이 우리 청년들에게 다시 기회의 땅이 되고, 도전과 희망이 살아있는 지역으로 탈바꿈하게 될 겁니다. 이렇게 서울시가 가진 자원을 잘 활용하자는 거죠.

부동산 문제도 마찬가지예요. 부동산 가격이 하도 오르니까 내놓는 정책들이 '나는 50만 호를 공급하겠다. 나는 70만 호를 공급하겠다.' 이렇게 하잖아요. 그건 그냥 숫자에 불과해요. 손에 잡히는 정책이 아니죠. 그렇게 하면 그 집이 서민들에게 돌아갑니까? 그래서 저는 우리 청년들에게 실질적으로 도움이 될 수 있는 정책으로 '반값전세 신혼주택'을 생각했어요. 예를 들어서, 우리 청년들이 결혼하게 되면 3억 원에 10년 동안 살 수 있는 전셋집을 마련해주는 거죠. 그렇게 해주면 집 걱정 안 하고 결혼을 할 수 있잖아요. 적어도 10년 동안은 집 걱정을 하지 않아도 되니까 아이도 나을 수 있을 거고요. 그런 주택을 5만 호를 만들면 그만큼의 5만 호의 전세주택이라는 공공재가 생기는 것이고, 10년이면 30만 쌍, 즉 60만 명이 혜택을 보게 된다는 구상입니다. 이런 걸 서울에서 우선으로 하게 되면 부산에서, 광주에서, 대전, 대구에서 다 벤치마킹할 거라고 봐요. 청년들의 진짜 희망을 선물하는 정책이 이런 게 아닐까요. 실제로 제가 따져보니까 충분히 실현할 수 있는 구조가 돼요. 부지는 철도차량기지의 상판이나 장안평의 물재생센터 상판등을 이용하고 건물은 민간 건

설사에서 짓도록 하면 연리 4% 정도만 보장해줘도 가능하다고 하더라고요. 실제로는 한 2억 5천만 원이면 지을 수 있다는 겁니다. 3억 원에 전세를 해주는 건데, 2억 5천에 지을 수 있으니까 오히려 한 채 당 5천만 원이 남는 거죠. 이렇게 하면 서울시 SH공사 돈 1원도 안 들이고 서울은 공공재 5만 호를 확보할 수 있는 거죠. 이런 정책을 실현하는 것이야말로, 우리 청년들에게 희망을 주는 것 아니겠습니까?

이런 정책과 비전을 갖고 경쟁해 보겠다. 그래서 우리 정치를 바꿔보겠다. 이런 정책에 보수 진보가 어디 있어요? 없잖아요. 유니버시티에 무슨 보수 진보가 있고, 청년 반값전세 신혼주택에 무슨 보수 진보가 있겠습니까? 이런 정책들을 통해서 이념을 뛰어넘는 정치를 선보이겠다고 생각했던 겁니다. 그래서 이런저런 큰 구상을 여러 가지 장착하고 한 번 해보겠다고 나왔는데, 다행히(?) 4강을 못 올라가서 그 무기들을 장차 아꼈다가 쓸 수 있는 상황이 된 거죠.

전혜인 그때 내세우신 공약 중에는 자영업자의 임대료와 관리비를 국가가 손실보상 해줘야 한다고 주장하셨는데, 그 배경이 무엇이었나요?

김선동   출마 당시에 코로나가 대유행해서 자영업자분들이 굉장히 고통받으실 때였어요. 그리고 그때 정부가 하나의 단일한 잣대와 원칙을 가지고 소상공인들에게 방역에 참여해달라고 해야 했는데 그러지 못했습니다. 전혀 이해할 수 없는 업종 간의 차이, 무슨 평수의 차이를 들먹이다가 시간제한도 이렇게 했다가, 저렇게 했다가 하면서 혼란을 일으켰거든요. 자기 밑천 다 들여서 사업을 운영하는 자영업자들과 소상공인들의 처지에서는 도저히 이해가 안 되는 기준을 들이밀면서 정부가 희생을 강요한 거예요. 그렇게 정부의 시책을 따라주면서 헌신하고 정부의 기준을 준수한 분들을 위해서 정부가 적어도 그분들의 삶이 무너지지 않도록 실질적인 도움을 드리는 것이 맞다고 본 거죠. 전 국민에게 재난지원금을 주고 그럴 게 아니라, 정말 어렵게 희생하신 분들을 도와주어야 중산층이 무너지지 않게 유지할 수 있죠. 중산층이 무너지면 우리 대한민국 사회가 그만큼 불안정해지는 것 아니겠습니까? 또한 국가의 시책에 따른 피해는 손실배상해 줄 때, 앞으로 제대로 국가의 규제도 신중해질 거라 믿습니다.

전혜인 그 당시 같이 후보로 뛰었던 안철수, 오세훈, 나경원 후보에 대해서는 어떻게 평가하시나요?

김선동 당의 소중한 자산들이죠. 언급하신 다른 후보분들의 경우에는 그때나 지금이나 전국민적으로 사랑받는 팬덤이 있고, 그만큼 역량을 갖추고, 검증이 된 분들이잖아요. 대선주자급이고요. 그래서 누구의 호불호나 평가의 문제를 떠나서 우리 국민의, 우리 당의, 우리 정치권의 자산으로 존중하는 것이 맞는다고 생각합니다.

김선동의 동문동답

서울시장 출마선언문

서울! 새로운 바람이 분다.

서울! 김선동이 있습니다.

존경하는 서울시민 여러분!

서울에는 새로운 바람이 필요합니다. 서울에는 김선동이 있습니다.

저는 오늘 대한민국의 수도 서울의 시민들과 우리 서울을 이야기하기 위해 국민의힘 당 사무총장직을 내려놓고 서울시장 선거에 도전하게 되었습니다. 이제 제 모든 것을 걸고 제가 하고자 하는 정치의 꿈을 현장에서, 그것도 대한민국의 심장인 이곳 수도 서울에서 펼쳐야 할 때가 되었다는 결심이 섰기 때문입니다.

쉽지 않은 결심이었습니다. 당 사무총장직을 내려놓고 지난 한 달 동안 저는 저 자신을 돌아보는 소중한 시간을 가졌습니다. 나의 꿈과 서울 시민의 꿈을 어떻게 지금의 대한민국이라는 시공간 속에서 일치시켜 갈 것인가를 깊이 생각해 보았습니다. 시간 나는 대로 이곳저곳을 다녔습니다. 후미진 곳, 잘 나가는 곳, 보이는 곳, 잘 보이지 않는 곳 등을 다니며, 있는 현실과 아직 없는 미래를 그려 보기도 했습니다.

먼저 통렬히 반성합니다.

우리 당도 생각해 보았습니다. 지난 4번의 전국 선거에서 연속 패배한 우리 당에 대해서도 깊이 생각해 보았습니다. 제 결론은 "아직 멀었다"입니다. 국민의 사랑 이전에 국민의 믿음조차 제대로 회복하지 못한 것이 오늘의 현실입니다. 당이 이렇게 된 데는 누구 탓할 것 없이 우리 모두의 잘못임을 인정했어야 했습니다. 하지만, 누구랄 것 없이 잘못을 인정하는 용기조차 없었습니다. 저부터 모든 것을 내려놓지 못했고 치열하지 못했습니다. 문재인 정권의 패권주의와 폭정에도 제1야당이 아직 국민께 희망이 되어드리지 못한 책임을 통감합니다. 저 김선동부터 통렬히 반성합니다.

이기려면 강한 정신 근력이 필요합니다.

존경하는 당원동지 여러분!

육체에만 근력이 있는 것이 아닙니다. 이제 우리에게 필요한 것은 이를 악물고 솟구쳐 오르겠다는 정신 근력입니다. 우리에겐 근성이 없습니까? 저는 있다고 단언합니다. 당이 패배주의에서 하루빨리 벗어나야 합니다. 우리는 해낼 수 있습니다. 내년 서울시장 선거, 김선동이 앞장서겠습니다.

당원동지 여러분과 함께, 더 나은 서울을 원하시는 시민 여러분과 함께, 김선동이 반드시 해내겠습니다.

1. 이제 서울을 서울시민에게 돌려드려야 합니다.

존경하는 서울 시민 여러분! 그간 서울은 중앙정치의 포로였습니다. 언론을 보면 지금의 서울은 대선후보들의 경연장입니다. 서울 걱정이 아니라 대선만 바라보는 사람에게 서울의 미래를 맡길 수는 없습니다. 이제는 오직 서울 시민을 위해 24시간을 바치는 서울시장이 필요합니다. 서울시장은 오직 서울 시민을 위한 시장이어야 합니다. 서울이 더는 이념이나 진영논리의 땅이 되어서도 안 됩니다.

지금 서울 시민에게 필요한 것은 알려진 이름값이 아닙니다. 이름 있다고 서울시장 잘한다면 정치 탤런트를 서울시장 시키면 됩니다. 그러나 우리는 이미 충분히 경험해 보았습니다. 이제 '진짜배기', '진짜배기 일꾼'을 내세워야 합니다.

당원동지 여러분! 정권교체를 염원하는 서울시민 여러분! 여기에 김선동이 있습니다. 김선동이 서울을 반드시 서울 시민에게 돌려드릴 것입니다.

2. 서울은 다시 기회와 도전의 땅이 되어야 합니다.

대한민국 성공의 상징, 우리의 서울은 기회의 땅이었습니다. 시골에서 논 팔고 밭 팔아 서울로 유학을 보냈고, 먹고살기 위해 지방에서 서울로, 서울로 몰려왔습니다. 모두가 꿈을 안고 서울로 향했고, 서울은 부지런히 일하는 사람들의 따뜻한 보금자리였습니다.

그런데 오늘의 서울은 어떻습니까? 다들 살기가 어렵다고 합니다. 하루하루가 아등바등의 나날입니다. 정권의 실정으로 평생을 모아 마련한 집 한 채도 세금 덩어리가 되었습니다. 집을 팔려고 해도 세금이 무섭고, 이젠 고향에도 다시 못 갑니다. 왜 이렇게 되었습니까! 그동안 나라는 경제 대국이 되었는데 정작 우리의 살림 형편은 어려워만 졌습니다. 희망이라도 있으면 참겠는데 이젠 희망조차 무너져 내리고 있습니다. 우리 모두의 뼈를 묻어야 할 곳은 서울입니다. 그런데 우리 서울을 '제2의 고향'이라고 생각하며, 진정으로 우리 서울을 생각하는 서울시민이 과연 얼마나 됩니까?

이제 다시! 서울입니다.

서울은 이제 기회와 희망의 땅으로 다시 설계해야 합니다. 대한민국을 위해서도 그렇습니다. 기회와 도전의 특구, 수도 서울로 돌려놓아야 합니다. 서울시장이 바로 그 선봉장이어야 합니다. 가난했지만 희망이 있었던 서울, 무허가 집들이 널려 있던 미아리 고개를 넘어 학교에 다니며 잘 사는 서울을 꿈꿔왔던 저 김선동이 서울을 기회의 땅으로, 도전의 땅으로 새롭게 만들어 가겠습니다.

3. '서울비전위원회'를 만들겠습니다.

세상은 4차 산업혁명 시대, 인공지능, 빅데이터 등 새로운 융복합의 시대로 접어들고 있고, 코로나19까지 겹쳐 '뉴 노멀New Normal'이라는 일찍이 경험하지 못한 세상이 되었습니다. 새로운 세상에 대한 진단과 대응전략이 필요합니다. 아니 주도전략이 필요합니다. 저는 '서울비전위원회'를 만들어 임기 1년 이내에 서울의 중·장기 비전을 만들어 낼 것입니다. 대한민국이 세계 10대 경제 강국이라면 서울은 5대 세계 중심도시를 목표해야 합니다. 한류의 나라 대한민국 수도 서울은 국경 없는 문화영토의 세계적 중심도시로 비상하는 꿈을 꾸어야 합니다.

한류'의 중심 서울에는 정작 한류가 없습니다. '한강의 기적' 한강이 있는 서울에 대한민국의 성공과 자부심의 상징물조차 없습니다. 파리 센강 서쪽 샹 드 마르스 공원에 가면 에펠탑이 있습니다. 세계에서 관광객이 찾아옵니다. 우리 서울도 우리의 정신과 가치를 담은 비전을 디자인해야 합니다.

4. 부동산 지옥이 된 서울, 서울시장이 시민의 편에서 반드시 해결하겠습니다.

서울은 부동산 지옥이 되었습니다. 전세대란에 전세 난민이 생겨납니다. 그러나 이제 대통령도 집권 여당도 믿을 수 없습니다. 그런데 사실 서울시장만 잘해도 서울의 주택문제는 많은 부분 해결할 수 있습니다. 제가 서울시장이 되면, 주거 문제만은 반드시 해결하겠습니다. 서울시의 직제개편을 단행해서 일 중심 체제로 전환 시키고 '전문 부시장'을 기용해 핵심 과제들을 챙기도록 하겠습니다. 특히, 주택문제만큼은 반드시 해결하겠습니다. 전문가 중심 '부동산대책특별위원회'를 가동할 것입니다. 서울시의 주택정책, 중앙정부의 부동산 정책, 싱가포르 주택청 등 해외사례도 모두 망라해 검토시킬 것입니다.

주택건축국은 '주택정책국'으로 전면 확대 개편하겠습니다. 서울시가 중앙정부 국토교통부 이상의 전문적 정책역량을 갖추도록 할 것입니다. 밤이면 모두 떠나는 도심에서 이제 '사람도 사는 도심' 등 발상의 전환을 포함한 인공지능, 일자리와 생활형태의 변화가 반영된 미래형 도시로 서울을 설계하겠습니다.

5. '청년'과 함께 '미래'를 준비하겠습니다.

존경하는 서울시민 여러분!

저는 우리 대한민국의 청년들이 정말 자랑스럽습니다. 세계 어느 나라 청년들과 비교해도 너무나 자랑스러운 청년들입니다. 하지만 현실은 안타깝기만 합니다. 연봉 6,000만 원의 삼성 직원이 내 집 마련 꿈을 접었다고 말합니다. 어떤 청년은 희망이라도 걸 수 있으면 그것만으로도 청년복지라 말합니다.

이제 우리 대한민국이 청년들에게 '희망티켓'을 줘야 합니다. 여기에는 두 가지 특권이 필요합니다. 권리 이상의 특권 말입니다.

첫째는 일하고 창업할 수 있는 특권입니다.

둘째는 사랑하고 결혼할 수 있는 특권입니다.

저 김선동은 청년들이 '일하고 창업할 수 있는 플랫폼'과 청년들이 마음껏' 사랑하고 결혼할 수 있는 플랫폼'을 만들겠습니다. 청년이 제대로 숨을 쉴 수 있어야 미래가 있습니다. 청년들에게 '마당'을 제공하고 그들이 꿈을 키울 수 있는 여건을 조성하겠습니다.

6. 서울시민의 소소한 일상을 챙기는 따뜻한 서울시장이 되겠습니다.

저는 이슈를 몰고 다니고, 카메라 세례를 받는 시장이 아니라, 서울시민 특히 서민들의 소소한 일상을 챙기는 이웃 같은 서울시장이 되겠습니다. 서울시장은 정치하는 자리가 아니라 일하는 자리입니다. 애환과 눈물이 있는 곳은 어디나 찾을 것입니다. 약자와는 언제나 동행할 것이며, 강자와는 당당하게 맞서겠습니다. 무엇보다 반칙과 특권이 없는 서울시를 만들겠습니다. 무엇보다 '아빠 찬스', '엄마 찬스'없는 따뜻한 '시장 찬스'를 쓰는 서울을 만들겠습니다.

7. 이념과 진영논리 없는 '용광로 서울'을 만들겠습니다.

우리 서울은 선사시대부터 사람이 살기 시작한 곳입니다. 고대, 서울은 500년간 백제의 수도이기도 했습니다. 고구려, 백제, 신라의 문화유적이 다 있는 곳이 서울입니다. 서울은 대한민국을 모두 녹여내는 용광로가 되어야 합니다.

저는 서울을 '진취적 보수'와 '따뜻한 진보'의 용광로로 만들어 갈 것입니다.

김선동의 동문동답

경쟁력 있고 준비된 서울시장 후보

'강북대표 주자' 김선동이 있습니다.

저는 서울의 강북지역에서 정치를 해 온 사람입니다. 누구보다 서울의 애환을 잘 알고, 원 서울이었던 강북을 살맛 나는 서울로 만들 '강북지역 발전'에도 많은 구상을 해왔습니다.

저는 청와대에서, 공기관에서 그리고 서울 강북지역에서 재선 의원까지 30년을 정치에 몸담아 온 준비된 서울시장 후보입니다.

당에서는 사무총장, 여의도연구원장, 서울시당위원장, 원내수석 부대표까지 주요당직을 두루 맡았습니다.

지난 대통령 선거 때는 대선 종합상황실장으로서, 지난 지방선거에서는 서울시장 후보 상임선대위원장으로서 당사에서 야전침대를 가져다 놓고 숙식을 하며 몸 던져 일했습니다.

제가 모든 것을 잘할 수는 없습니다. 하지만 저는 늘 최선을 다하는 시장이 될 것입니다.

정치는 희망을 담는 그릇이 되어야 한다고 생각합니다.

존경하는 서울시민 여러분과 함께 이제 그 힘찬 여정을 시작하고자 합니다. 부디 관심과 애정으로 함께 해주십시오.

서울시민 여러분

서울에는 새로운 바람이 필요합니다. 여기에 김선동이 있습니다. 서울시민 여러분 저 김선동과 함께해 주십시오!!

경청해 주셔서 대단히 감사합니다.

2020년 11월 25일

18대, 20대 국회의원 김 선 동

도봉산 프로젝트

이쌍규 의원님에게 도봉구는 어떤 의미가 있는 지역인가요?

김선동 우리 도봉구는 제가 꿈을 처음으로 시작한 곳이고, 제가 인생을 마감할 곳이라고 생각하고 있습니다. 도봉구에서 신혼살림을 차려서, 우리 아이들의 고향이기도 합니다. 저는 혼짜을 묻는다고도 얘기를 하는데요. 우리 도봉구에서 정치를 하시던 분들이 지금은 다 떠나셨어요. 저는 세 번이나 떨어지고도 아직 여기에서 있고요. 이제는 도봉구가 저뿐 아니라 우리 아이들의 고향이기 때문에 저는 우리 도봉구를 정말 반석에 올려놓고 그만둬야 합니다. 그래서 온 힘을 다해 도봉구에서 또 일할 기회를 얻어야 하겠다고 생각하고 있습니다.

전혜인　의원님께서 주장하시는 〈도봉산 프로젝트〉가 무엇인
지 궁금합니다.

김선동 우리가 명산은 국립공원으로 지정해 놓잖아요. 그 국립
공원 중에서 세계에서 단위 면적당 인구이동이 가장 많
은 게 우리 도봉산이에요. 기네스북에도 올라가 있습니
다. 인천공항에서 40분이면 논스톱으로 도봉산까지 올
수 있습니다. 설악산과 견주어도 손색이 없는 명산이고,
세계적으로 봐도 수도공항에서 한 시간 이내의 거리에
있는 이런 명산이 있는 경우가 없어요. 이곳에 전 세계
사람들이 모이게 하자는 겁니다.

사실, 우리 도봉구는 도봉산 때문에 고도제한을 받고,
재산권 제약이 되게 많았어요. 그래서 이걸 역으로 생
각한 겁니다. 일단, 2천 객실 정도의 특급 유스호스텔
을 유치해 놓으면 많은 사람이 이곳을 찾아 먹고, 자
고, 즐기도록 할 수 있습니다. 도봉산 화학 부대 이전
지에 유스호스텔을 건립하려는 구상인데, 최근 오세훈
시장이 국기원 이전지로 이곳을 잠정결정했습니다. 국
기원과 유스호스텔이 함께 건립되면 도봉산 프로젝트
의 큰 시너지를 발휘하게 됩니다. 국기원이 오면 전 세
계 태권도인들이 일 년 내내 북적거리는 도봉이 다시
강북지역의 발전을 선도하는 지역으로 재도약하도록

하는 것이 도봉산 프로젝트입니다. 게다가 2028년이면 GTX-C 노선도 완공되어서 강남에서 도봉산까지 13분이면 올 수 있게 됩니다.

이쌍규 이 프로젝트는 언제부터 계획하셨나요?

김선동 제가 재선 때 구상했고, 국가 예산으로 연구 용역비 5억 원을 편성해 실제로 연구 용역까지 마쳤습니다. 도봉산 자락길 예산도 제가 5억 원을 확보했는데, 도봉구청에서 집행을 안 했었고요. 도봉구에 국비 281억 원의 산악안전교육원도 도봉산에 유치해 놨고, 사람들이 모일 수 있는 그런 시설들을 계속 확보해 나갈 계획입니다.

이쌍규 이 프로젝트를 성공시키려면 3선을 하셔야겠네요.

김선동 그렇습니다. 지난번에 3선에 실패해서 가장 아쉬웠던 것이 이 프로젝트가 진전되지 못했다는 점이었어요.

전혜인 명절 때마다 도봉구 재래시장을 한 집, 한 집 돌면서 장보

기와 명절 인사를 꾸준히 드리는 것으로 알고 있습니다.

김선동   정말 어려운 데서, 저처럼 부족한 사람을 국회의원 시
켜주신 거잖아요. 그래서 초선이 되고 나서 명절이 돌
아왔을 때 감사한 마음을 전달해야겠다는 생각이 들었
습니다. 그래서 지역에 있는 재래시장을 한 집, 한 집
다니면서 장도 좀 보면서 인사를 드린 거죠. 그래서 명

김선동 마음의 편지

김선동 & 도봉산 프로젝트

(2020. 4. 5.)

도봉산 프로젝트는 한마디로 도봉구 발전의 '끝판왕 공약'이다. 사랑이 넘쳐나고 일자리가 넘쳐나는 '초일류 도봉의 비전'을 담은 김선동 프로젝트다.

도봉산 프로젝트는 이렇게 탄생하였다.

도봉은 서울시 25개 구 중 23위쯤 되는 구다. 통상적인 방법으론 역부족이다. 일거에 도봉발전을 꾀할 방안이 있어야 한다 생각했다. 그것이 험지에서 일할 기회를 주신 도봉구민에 보답하는 길이라 생각했다. 이런 고민과 고심의 산물로 태어난 것이, 도봉을 살릴 <도봉산 프로젝트>이다.

수없이 생각해 보았지만, 답은 도봉산에 있었다. 도봉산이 명산 중의 명산이라 자랑하지만 정작 우리의 실생활, 우리의 삶에는 고도제한 등 규제와 제약으로 작용하고 있다.

"이제 이 제한과 제약의 땅 도봉구를 기회의 땅으로 바꾸어야 한다!"

도봉산을 다시 생각했다. 한편으로 제한과 제약의 원인이기도 하지만 다른 편에서 보면 세계 최고의 산, 도봉산 아닌가? 사실 우리 도봉산은 국립공원 중 단위면적당 인구이동이 세계에서 가장 많은 곳으로 기네스북에 올라있다.

"그렇다. 이것이다. 사람이 들끓게 하자! 그러면 세수가, 일자리가 넘쳐나는 도봉의 일대 도약이 시작된다!"

중요한 것은 이것을 실현할 전략이었다.
핵심을 찌르는 큰 한 방이 필요했고 2,000객실 정도 규모의 '대규모 특급유스호스텔'을 도봉산에 건립하는 것이 그 첩경이라는 결론에 도달했다.

생각해 보았다. "객실에 한 명이 자면 2,000명이 도봉구 일대를, 두 명씩 자면 4,000명이, 세 명이, 네 명이 자면? 도봉산 일대가 하루아침에 사람이 들끓는 곳이 될 것 아닌가."

또 생각했다.

"지금은 사람들이 도봉산역에서 내려 김밥 한 줄, 막걸리 한 통 사서 올라갔다가 쓰레기만 도봉에 버리고 집에 가지 않는가! 왜 도봉산역만 이용하게 내버려 두는가!"

도봉역에서도, 방학 북부역에서도, 심지어 쌍문동에서도 도봉 산을 찾도록 해서 그 혜택이 도봉구 전체에 미쳐야 한다. 그래서 유실수 거리, 동굴카페, 연인촌 조성 등 걷고 싶은 거리로 사람 들이 찾게 하는 구상도 마련한 것이다.

한 발 더 나간 생각도 있었다. 대규모 특급 유스호스텔이 들어서 면 대한민국을 찾는 사람들이 제일 먼저 도봉을 찾게 될 것이라 는 비전도 여기에 녹아있다.

40분이면 인천공항에서 논스톱, 시내보다 저렴한 숙박비와 식 비, 거기에 세계적인 명산 도봉산까지! 도봉이 명동상권 되지 말 라는 법 없고 우리는 그것을 준비하면 된다!"

나는 이 계획을 2016년에 세웠다. 그리고 온 힘을 다해 궤도 위에 올려놓았다. 국가 예산으로 5억이라는 막대한 규모의 연구 용역비를 편성해 냈고, 이미 2018년 연구 용역 결과보고서도 나왔다.

그 '도봉산 프로젝트 용역보고서'에 의하면 종합검토를 거쳐 유스호스텔 부지도 명확히 적시돼 있다. 이뿐 아니라 도봉산 프로젝트의 일환으로 복합체육시설을 갖추게 되는 281억 원 규모의 공공기관 '산악 안전교육원'도 이미 유치를 확정했다.

"이제 도봉산 프로젝트의 핵심인 도봉산 유스호스텔 예산만 확보하면 된다!"

다시 일하게 기회를 얻는다면 반드시 임기 내에 '특급 유스호스텔 사업'을 완수할 것이다. 도봉산 레저타운 건설, 대규모 쇼핑몰 조성, 나아가 면세점 유치 등등의 부대사업은 자동으로 뒤따라오게 되어있다.

이번에 3선이 되면 상임위는 국토교통위원회로 할 것이다. 도봉산 프로젝트의 완수! 고도제한 완화! 우이. 방학 경전철 조기착공! GTX-C노선 조기착공 및 도봉산역 신설반영! 등 도봉발전

숙원사업의 해결을 위해서다. 이 모두가 3선의 힘이 필요한 일들이다.

3선으로 국토교통위원회 위원장까지 맡게 된다면 더할 나위 없는 일이 될 것이다. 도봉이 1등 도봉이 되는 도봉산 프로젝트! 정말 가슴 벅차다.

김선동의 동문동답

절 때가 되면 저를 기다리는 상인분들도 계세요.

최근에는 제가 원외 당협위원장이 되다 보니까 어려울 텐데 어떻게 다 하느냐는 분들도 계시고 집사람도 어려울 때는 어려운 형편을 있는 그대로 보이는 것도 방법이라 해서 최근에는 인사드리면서 사는 건 좀 덜 사고 그러고 있습니다. 3선이 되고 나면 다시 또 제대로 해야죠. 주민 여러분들도 그걸 바라고 계시고요.

전혜인　그렇게 다 다니려면 얼마나 걸리나요?

김선동　사흘은 꼬박해야 합니다.

전혜인　시간상 약간 무모한 일이라는 생각은 안 드셨나요?

김선동　그럴 수는 있는데, 늘 이렇게 해왔기 때문에 저를 기다리는 분들도 계세요. 그래서 기다리는 분들의 심정을 생각하면 아무리 힘들어도 계속해야 하는 것이 도리라 생각하고 하고 있습니다.

전혜인　아까도 잠깐 말씀하셨는데, 방학역과 도봉역의 엘리베이터를 설치하셨다고요?

김선동　네, 맞습니다. 서울에 지하철역이 정말 많은데 엘리베이터가 없거나 에스컬레이터가 없는 역을 본 적이 아마 없으실 거예요. 그런데 우리 도봉구에는 실제로 없었습니다. 엘리베이터를 설치하는데 난관이 정말 많았습니다. 에스컬레이터를 놓을 수 있는 위치부터 여의치 않았습니다. 제가 관계자를 불러서 얘기하면, 이래서 어렵고, 저래서 어렵고, 인허가가 어렵고 등등 안 된다는 얘기만 계속하더라고요. 그래서 제가 안 된다고 얘기하지 말고 나랑 같이 밤을 새워서 방법을 찾아 보자 했죠. 결국에는 방법을 찾아냈습니다. 설치할 위치도 제가 찍었어요. 그렇게 해서 방학역 남쪽에 두 개, 북쪽에 두 개, 도봉역은 네 개를 해드리려고 했는데, 한 곳이 도저히 위치가 안 돼서 세 개. 그렇게 모두 일곱 개를 놓는 것으로 했습니다.

그렇게 결정이 되었는데, 예산문제가 또 생기더라고요. 예산을 배정해달라고 기재부에다가 계속 요청하는데, 지지부진한 거예요. 원래는 지자체가 사업비의 50%를 감당하는 구조였는데, 제가 설득해서 중앙정부, 한국철도시설공단, 지자체가 1/3씩 부담하는 구조의 사업으로 바꿨어요. 이렇게 우여곡절 끝에 겨우 사업을 확정 지었는데, 착공식이나 이런 것도 안 하더라고요. 그래서 그냥 지나가기는 뭐해서 직원분들과 현장에서 사진 한 장 찍은 게 다였어요. 그래서 그런가 많은 분이 엘리베이터가 설치된 건 아는데, 그걸 제가 했다는 건 잘 모르시더라고요.

전혜인 신학초등학교 체육관 건립 과정에 관해서도 이야기해
주실 수 있으신가요?

김선동 신학초 체육관. 그게 정말 눈물의 체육관입니다. 원래
체육관을 건립하거나 하려면 교육부 장관이 특별교부
금이라 해서 절반을 줘요. 그러면 나머지 절반을 지자
체에서 부담하게 되죠. 당시 예산이 28억 5천이었는데,
5천만 원은 계산이 복잡하니까 빼고 말씀드립니다. 제
가 이주호 교육부 장관과 잘 이야기해서 14억의 특별
교부금을 받아냈어요. 게다가 이걸 꼭 추진하고자 해
서 서울시교육청에도 부탁했습니다. 혹시 감사에 문
제가 되면 제가 무슨 수를 써서라도 커버를 하겠다고
요. 원래 교육청 특별교부금이 내려오면 서울시교육청
에서 거기에 더해서 돈을 주면 안 되고, 지자체가 나머
지를 부담해야 하는 건데, 지자체의 부담을 줄이면 추
진이 더 수월해질 수 있어서 그렇게 부탁을 한 겁니다.
그래서 나머지 14억 중에 7억은 서울시교육청이, 그리
고 그 나머지 7억은 지자체에서 부담하게끔 된 겁니다.
그 남은 7억 중에 서울시에서 6억을 부담하고, 도봉구
에서 나머지 1억을 부담하는 것만 남았어요. 당시 도봉

구청장이 민주당이었는데 그걸 안 해주는 거예요. 막 막해지더라고요. 그래서 다시 서울시를 찾아갔습니다. 도봉구에서 안 해준다는데, 서울시에서 좀 도와줄 수 없겠냐고 부탁을 드리러 간 거죠. 다행히 서울시에서 기왕에 줄 거면 다 밀어주라 해서 서울시에서 다 해준 겁니다.

그래서 이제 다 끝났다고 생각하고 있었는데, 청천벽력 같은 소리를 듣게 되었어요. 저보고 서울시교육청에서 확보한 예산 7억 원을 다시 확인해봐야 할 거라는 거예요. 확인을 해보니 그새 그 7억이 반납된 상태였던 겁니다. 여러 가지 이유가 있을 수 있겠지만, 기본적으로 이 사업은 어차피 안 될 거라고 판단했던 것 같아요. 이유야 어찌 되었든 저는 다시 서울시교육청에 손을 벌려야 하는 처지이었고, 그때 서울시 교육감이 곽노현 교육감이셨습니다. 정치적으로만 생각해보면 우리 당과 굉장히 멀게만 느껴지는 분이셨는데 다시 해주시더라고요. 교육에 필요한 일에는 정파 따지지 않고 손을 잡은 거죠. 그래서 시간이 지난 다음에도 같이 식사도 대접하고, 감사 인사를 드렸습니다. 지금도 곽노현 교육감님은 언제라도 통화할 수 있는 그런 사이로 남아있습니다.

이쌍규 눈물의 체육관은 그만큼 짓는 게 힘들어서 그런 건가요?

김선동 그렇게 어렵게 만들게 된 체육관이 지어지고 거기서 어르신들 행사들이 열렸어요. 제가 청와대에 있다가 나왔을 때였는데, 구청직원이 저를 소개해주지 않는 거예요. 그래도 전직 국회의원이면 김선동 전 국회의원 왔다고 소개해주거든요. 나름 제가 힘들게 노력해 지어진 건물에서 소개도 못 받고 하니까 저도 좀 서운했지만, 어르신들이 뭐라 하셨나 봐요. 그랬더니 그제야 구청장 눈치 보느라 겨우겨우 '김선동씨' 왔다고 소개를 하더라고요.

전혜인 신문 기사들을 찾아보니까 동명이인의 김선동 의원과의 에피소드도 있으시더라고요. '김선동이 김선동을 돕는다' 이렇게 나와 있던데, 이건 어떻게 된 일인가요?

김선동 국회에서 최루탄을 터뜨린 것으로 유명한 민노당 사무총장 출신의 김선동 의원과의 에피소드인데요. 김선동 그 친구가 어느 날 저에게 전화를 했어요. "선배님 김선동입니다."하고 받았는데, 수화기 건너편에서 제 이름이 나오니까 이상하더라고요. 잠깐 당황했다가 정신 차리고 "아, 웬일이에요?" 그랬더니 자초지종을 얘기하더라고요. 얘기인즉, 민노당 김선동 의원이 박재완 당시 기재부 장관에게 전화를 걸어 만나자 약속을 했는데, 저인 줄 알고 약속이 되었던 모양이에요. 그런데 막상 만나고 나니 상황이 이상하게 돌아가자 민노당 김선동 의원이 곧바로 저에게 SOS를 치는 전화를 한 거였어요. 당시 순천시에서 중앙정부의 승인을 받지 않은 상태에서 '국제정원박람회'를 유치해 놓고 시간이 흘러가자 갑갑한 상황이 된 거예요. 그러니 제가 돕기로 나섰어요. 호남이기도 하고, 우리가 여당이니까 도와주어야겠다는 생각이 들었어요. 그래서 제가 직접 기재부 쪽이랑 이야기도 하고, 당시 류성걸 차관한테도 얘기해서 예산지원이 이루어지도록 했습니다. 그렇게 예산이 집행돼서 순천국제정원박람회가 제대로 치러지게 되었죠. 그때 김선동 의원이 고마웠는지 '김선동이 김선동을 돕다'라는 제목의 보도 자료를 낸 적이 있습니다. 저도 그거 보고 많이 웃었어요.

이쌍규 그게 쉬운 게 아니잖아요. 지역도 다르고, 당도 다르고.

김선동 중앙정부의 원칙과 역할이란 게 있잖아요. 야당이고 민노당 정치인의 지역구라고 해서 우리가 살피지 않으면 안 된다 생각한 거죠. 국제정원박람회가 수년간 이어져 온 건데, 우리나라에서 제대로 못 하면 그건 또 얼마나 국제적으로 문제가 되겠습니까? 제가 나중에 가보니까 순천만 갯벌이 유네스코 세계자연유산에도 등재된 세계 5개 갯벌로 꼽히는 곳이에요. 바로 그 옆에서 국제정원박람회가 열렸어요. 세계적 갯벌과 국제정원이 함께 하게 되었으니 순천이 평생 먹고 살 관광자원이 만들어진 셈이죠. 보람을 느낍니다.

전혜인 의원님께서 하신 일 중에는 또 GTX-C 노선의 지하화가 있다고 들었습니다. 원래 도봉구를 지나는 구간은 지상으로 설계가 되었던 건가요?

김선동　아니요. 지난 정부 때 서울지역은 전부 지하로 가게 돼 있었는데, 우리 도봉구만 유독 지상으로 바뀐 거예요. 공사비가 막대하게 들어간다는 이유였는데요. 제가 그래서 '우리 도봉구 팔자는 왜 이러냐, 도대체 왜 이렇게 홀대받고 무시당하느냐, 이건 아니다' 하면서 나선 거예요. 지금도 지상으로 국철이 지나는데, 그거 때문에 동서가 갈라져서 차가 다닐 때도 굴다리가 있는 곳은 돌아가서 건너가야 하거든요. 시끄럽기도 하고요. 그래서 그것도 지하화 작업이 필요한 상황에서 GTX-C노선 까지 지상으로 지어지면 그건 시속 300km가 넘는 열차라 소음은 더 심해질 수밖에 없잖아요. 그래서 이건 무슨 수를 써서라도 막아야겠다고 결단하고 설득에 나선 겁니다.

일단, 원희룡 장관을 찾아갔는데 문제 인식에 공감해주시더라고요. 대통령께서도 이 문제에 대해서 같은 생각을 하고 있다는 것을 확인했고요. 그래서 작년 연말부터 동네에다가 GTX는 지하로 가도록 해놨으니까 걱정하지 말라고 미리 말씀을 드리고 다녔습니다. 실제로 지난 5월에 원희룡 장관이 지하화를 확정했고요.

윤석열 대통령께서 "이것은 잘못된 걸 알면서 하면 안 된다, 이것은 미래 세대에 대한 투자다"라며 응원해주신 겁니다. 그래서 이에 대해 감사하게 생각하고 있고요.

GTX가 지상으로 갔으면 도봉구 발전의 최대 걸림돌이 될 뻔했거든요. 이제 강남에서 13분 30초면 도봉에 올 수 있고, 우리 도봉발전의 획기적인 전기를 맞이하는 기폭제가 될 것입니다.

김선동의 동문동답

김선동 마음의 편지

도봉구민

(2020. 3. 12)

동성제약의 본사가 도봉구에 있었다. 그 건물에 지금은 없어졌지만, 동성 웨딩홀이라는 좋은 장소가 있어 초선의원 시절에는 매년 신년인사회를 그곳에서 갖곤 했다.

그러던 어느 해 신년인사회 때였다. 입추의 여지 없이 자리를 꽉 메워주신 도봉구민을 바라보며 벅찬 마음에 뜨거운 감사의 인사말이 나도 모르게 첫 마디로 튀어나왔다.

"저를 낳아 주신 분은 제 부모님이십니다. 하지만 제게 정치생명을 불어넣어 주신 분들은 바로 도봉구민 여러분이십니다. 제게는 도봉구민 모두가 너무도 소중한 제 아버지, 어머님이십니다."

의정보고회 때였다. 여전히 어려운 시기이고, 우리 당으로서는 어렵다는 험지인데 많은 분이 오셨다. 찾아주신 내빈 인사소개만도 1시간을 넘겨야 했다. 그리곤 의정 보고 시간. 생각해 보니, 드릴 말씀도 많고, 그간 지역을 위해 어떻게 온 힘을 쏟았는지 하나하나 보고드리려니 시간도 꽤 많이 걸렸다.

그리고 감사한 마음을 담은 마무리 발언시간!
어림잡아 10년 전에 드렸던 똑같은 감사의 말이 나도 모르게
다시 터져 나왔다.

"저를 낳아 주신 분은 제 부모님이십니다. 하지만 제게 정치생명
을 불어넣어 주신 분들은 바로 도봉구민 여러분이십니다. 제게
는 도봉구민 모두가 너무도 소중한 제 아버지, 어머님이십니다."

그랬다. 내 가슴 속 도봉구민에 대한 깊은 감사의 마음이 그대로
터져 나온 것이다.
나중에 들은 얘기지만 이 말이 참 좋았다고 한다. "순서를 바꿔
서 시작할 때 이 말을 먼저 하면 더 좋았을걸"하는 얘기도 친구
한테서 들었다. 그 진실한 마음이 느껴졌다고 한다.

생각하면 나는 늘 마음이 벅차고 부모님과 같은 감사의 대상이
도봉구민이시다.
부모님과 또 부모님 같은 우리 도봉구민을 떠올리는 이 아침이
너무도 감사하다.

문재인과 더불어민주당

전혜인 본박 인사로서 박근혜 대통령 탄핵 이후에 집권한 문재인 정부의 가장 큰 문제는 뭐라고 진단하십니까?

김선동 여러 가지 사업들이나 정책 관련해서도 말씀드릴 수 있을 것 같은데, 그것보다 큰 것은 국민을 양극단의 진영으로 나뉘게 한 것으로 생각합니다. 우리 정치사의 굉장히 아픈 장면일 텐데요. 정치라는 게 본래 지도자가 국민을 하나로 통합하고, 어디로 가자는 목표를 제시하고, 모두가 영차영차 하는 에너지를 만들어내는 것이어야 한다고 생각하는데요. 그게 아니라 상대 진영에 혐오감과 적대감을 불러일으키고, 분열을 통해서 나의 이득을 취하고자 하는 정치는 정말 우리가 해서는 안 될 몹쓸 정치라고 생각합니다.

전혜인 조국 사태는 어떻게 평가하시나요?

김선동 그렇게 스스로 주장해 왔던 공정과 정의를 스스로 무너뜨린 사태가 조국 사태가 아닌가 생각하는데요. 문제는 지금까지도 자기의 잘못을 정당하게 평가하지 않으려 한다는 것이죠. 안 하려는 것인지 정말 모르고 있는 건지... 대다수 국민도 조국 사태에 대해서 그렇게 바라보고 계신다고 생각합니다.

이쌍규 최근 김남국 코인 사태[34]에 대해서는 어떻게 생각하십니까? 제가 알기로는 의원님이 가상화폐에 대해서 정책화해야 한다고 주장하신 거로 알고 있습니다만.

---

34 2023년 5월 5일에 조선일보가 '15억을 재산신고 했던 김남국 더불어민주당 의원이 대량의 위믹스 코인을 보유하고 있었으며 가상화폐 거래 실명제 직전인 2월 말에서 3월 초 사이에 이를 인출 했다.'라고 단독 보도하며 논란이 된 사건이다.

김선동　김남국 의원은 세상을 바꾸겠다며 나선 신세대였지 않습니까? 그런데 뒤로는 엉뚱한 짓을 하고 있었던 거죠. 어떻게 보면 빈자 코스프레를 하면서 실제로 탐닉한 건 부였고. 이런 위선이 많은 청년들에게 오히려 역으로 큰 허탈감과 상실감을 주었다고 생각합니다.

가상화폐 문제에 있어서 우리 정부가 처음부터 대응을 제대로 못 했다고 생각합니다. 일확천금이다 뭐다 해서 규제 위주로만 접근했는데, 이것을 디지털 자산으로 인정해주고 시장이 제대로 형성될 수 있도록 보호, 육성하는 방법으로 갔어야 합니다. 안정적인 시장이 형성되었으면 청년들이 '영끌'해서 누구는 일확천금을 얻고, 나머지는 패가망신하는 일이 벌어지지 않았겠죠. 그랬으면 탈세도 막고 범죄로 이어지는 것도 막을 수 있는 시스템을 만들 수 있었을 겁니다. 정부의 안일한 대처로 인해 지금 가상화폐에 투자한 청년 세대가 고통받는 것으로 생각합니다.

이쌍규　조국 사태도 그렇고 김남국 사태도 그렇고 민주당에 계속 도덕적인 문제들이 발생하고 있지 않습니까? 이

런 사건들이 계속 발생하는 원인은 무엇이라 생각하십
니까?

김선동 과거의 괜찮았던 민주당은 그러지 않았어요. 그런데
어느 순간부터 진영이라는 울타리 내에만 갇혀있다 보
니 그 울타리 내의 누군가가 잘못하더라도 그것을 쳐
내지 못하는 거죠. 그래서 하루빨리 민주당이 도덕적
거울을 빨리 회복해서 과거의 좋은 민주당으로 회복
해야 합니다. 우리 당도 그만큼 더 잘하기 위해 노력할
겁니다. 진정한 선의의 경쟁이 이루어지는 정치구조도
그래야 가능해집니다.

전혜인 의정활동 당시에 민주당 의원들을 상대할 때 가장 힘
들었던 점은 무엇이었나요?

김선동 제가 초선 때도 법안 발의를 했고, 재선 때도 법안 발
의한 것이 있는데요. 사립대학 구조조정 법안이었어
요. 점점 인구도 줄고 있는데 사립대학을 빨리 구조조
정을 해야 한다는 문제 인식에서 마련한 법안이었는
데, 그걸 지금까지도 못 하고 있어요. 그러는 와중에

문 닫는 대학들이 계속 나오고 있고요. 현행법은 학교 법인이 학생 수 격감으로 목적 달성이 곤란할 때도 교과부 장관의 인가를 받아 해산할 수 있도록 해 현행 타 법인과 합병, 파산 시에만 가능하게 하고 있거든요. 그걸 그렇게 하지 않고 학교들이 자율적으로 할 수 있도록 하는 겁니다. 그리고 학교들이 해산을 결정할 때, 기존에 있던 잔여재산을 공익법인이나 사회복지법인에 출연할 수 있도록 하는 방법 이외에 해산 시 잔여재산의 귀속에 대한 특례 등을 포함해 한계대학의 자발적 해산을 국가적 차원에서 지원하도록 해서 퇴로를 만들어 주는 거죠. 그렇게 해줘야 대학의 구조조정이 유연하고 신속하게 이루어지지 않겠습니까? 그런 내용의 법안을 제출했는데, 어떤 이데올로기의 벽이 있어서 그런지 융통성이 없더라고요. 이 법에 어떤 문제가 있다고 한다면 그걸 대화를 통해 타협하면 되는데, 그게 안 된다는 게 매우 아쉬웠습니다.

한번 설정된 보이지 않는 정치이념적 벽이 참 힘든 부분이구나.

전혜인 그런데도 상대 당의 도움이 필요할 때가 있잖아요. 지금은 여당이 소수당이고 야당이 다수당이기도 하고요.
그럴 때는 어떻게 행동하는 편이신가요?

김선동 민주당에도 보면 합리적인 파트너가 있습니다. 그분
을 통해서 우리의 입장을 일단 전달해주고, 그쪽 입장
도 들어봐야죠. 국익 차원에서 뭐라도 서로가 낸 해결
방안을 보완하면서 통과를 시키는 게 더 좋은 거 아니
겠습니까? 그러려면 결국 대화와 타협을 하는 수밖에
없어요. 정치라는 거 자체가 대화와 타협의 과정입니
다. 그게 안 되면 아무것도 해결하지 못하겠죠. 그런데
지금의 정치 상황을 보면 어떤 이슈가 있으면 일사불
란하게 반대하느라 대화를 안 하는 모습들을 보이는데
요. 타협, Compromise가 나쁜 게 아니에요. 타협한다
고 해서 신념을 저버리는 거로 생각하거나, 지는 거로
생각하면 안 되는 겁니다. 서로 양보하고 똑같이 손해
를 보면서 뭐라도 통과시키려고 애를 써야죠.

전혜인 상대 당이지만 좋아하는 민주당 정치인이 있으신가
요?

김선동 지금은 은퇴하신 조순형 의원님을 제가 진짜 좋아했습니다. 그래서 한 번 찾아뵈려고 했는데, 못 뵀어요. 그리고 지금 민주당에서는 이원욱 의원이라고 있는데 저와 고등학교 같은 반 출신입니다. 굉장히 합리적인 친구라서 제가 좋아하고요. 저희 당에 있다가 지금 민주당으로 가신 조정식 의원도 좋아합니다. 공통으로 굉장히 합리적인 분들이세요. 같은 이야기를 기분 나쁘게 하시는 분들도 계시는데, 정중하고 합리적인 대화가 가능하신 분들이라 생각합니다.

전혜인 결국, 정권이 교체되어서 여당 소속이 되셨잖아요. 정권교체가 이루어질 수 있었던 이유는 무엇이라고 진단하시나요?

김선동 문재인 정권이 탄핵을 통해서 집권했잖아요. 그런데 그렇게 위임된 권력을 나의 권력이라 생각하다 보니 겸손하지 못하고 기존의 모든 걸 뒤집어엎으려 했어요. 그러면 다음 정권이 들어서면 그걸 다시 다 뒤집어엎을 수밖에 없잖아요. 개혁도 위임된 권력의 테두리 내에서 상대방이 인정할 수 있는 내용으로 해야 그게 더디더라도 지속 가능한 거거든요. 그런데 문재인 정부는 아예 지난 정부와 상대 당을 통편집해 버린 거죠. 모든 정권은 자신에게 부여된 권력은 위임된 권력이고, 위임된 시간이라는 것을 늘 염두에 두어야 한다고 생각합니다.

전혜인 그러면 야당 정치인일 때 꼭 경험해봐야 한다고 생각하는 것이 있을까요?

김선동 저도 야당을 해봤잖아요. 정치하다 보면 서로 대화나 타협이 안 되는 경우가 꼭 발생해요. 그럴 때는 다수결로 운영하고, 집권 여당은 그것으로 책임정치를 하는 겁니다. 시간이 지나서 선거철이 돌아오면 여당은 선거로 심판을 받는 거고요. 그래서 저는 우리가 야당일 때 다수결의 원칙을 존중해야 한다는 주장을 많이 했었습니다.

2부 김선동의 삶

윤석열과 국민의힘

이쌍규 국민의힘이 우여곡절 끝에 전당대회를 통해 김기현 대표 체제를 출범시켰습니다. 이 체제로 총선을 치르게 될 텐데, 김기현 대표의 리더십은 어떻게 평가하시나요?

김선동 당 대표에 대한 기대와 평가에 있어서 처음엔 기대했는데, 가다 보면 우려로 바뀌는 사례가 있고, 반대로 처음에는 우려했는데 보니까 의외로 잘한다고 하는 사례가 있습니다. 저는 김기현 대표가 비교적 잘하고 있다고 생각해요. 당에서 원내수석 하실 때 제가 유심히 봤는데, 굉장히 성실하고 단단하신 분이에요. 그래서 그 양반의 리더십은 시간을 갖고 좀 더 지켜보면 의외로 잘한다는 평가를 받게 되지 않을까 생각합니다.

제가 최근 여연(여의도연구원)에서도 귀동냥을 해보면 김기현 대표 체제 초기에는 최고위원들이 굉장히 문제 되는 발언도 많이 하고 해서 당이 어지러웠는데, 요새는 그런 게 안정화되면서 당의 수도권 지지도가 상당히 괜찮아졌다고 하더라고요. 에러가 없이 차분하게 가는 그런 분위기라서 그런 게 아닌가 싶고요. 어차피 또 총선이 임박해서는 선대위 체제가 될 것이기 때문에 지금 사람들이 기대하는 것은 사실 선대위 체제하에서 평가가 날 거로 생각합니다.

이쌍규 그러면 전에 이준석 대표가 있을 때와 지금의 김기현 대표 체제와 차이가 있다면 어떤 것이 있을까요?

김선동 이준석 대표는 굉장히 재기발랄하고, 선거전략이나 팬덤 관리의 측면에서 굉장히 치밀하고 열심히 합니다. 그런 측면에서 잠재력이 있는 사람이 이준석 대표라 한다면 김기현 대표는 그것에 비교하면 굉장히 안정적이고 조용한 행보를 보인다고 할 수 있죠. 저는 우리가 집권당으로서 전국 정당이 되어야 한다고 생각하는데, 특정 계층이나 연령, 젠더 등을 갈라서는 안 된다고 생각해요. 편을 갈라서 한쪽에서 몰표를 받겠다는 전략이 선명해 보일 수는 있지만 그걸 바람직하다고만 볼 수도 없거든요. 그런 측면에서 김기현 대표는 뚜렷한 전략적 모습은 안 보일지라도 총선 전에 관리를 해나가야 하는 대표로서의 장점을 갖고 있다고 생각합니다. 이준석 대표는 이번 총선에서 기회가 주어진다면 본인이 가진 역량을 통해 당에 보탬이 되도록 쓰이면 되고요.

이쌍규 지금 윤석열 정부가 취임 1년이 지났잖아요. 국민의 기대를 안고 출범했는데 그 기대에 부응한 것은 무엇이고, 그러지 못했던 것은 무엇인지 의원님의 생각을 듣고 싶습니다.

김선동 경제나 민생의 측면에서 아직까지는 현 정부가 기대에 부응하고 있다고 보기는 어렵다고 생각합니다. 또한, 법치를 바로 세워서 그동안 사법 조치를 피해왔던 인물들에 대한 처리가 이루어지도록 해야 하는 것이 아니냐는 평가도 있는 것으로 압니다. 그런 측면에서는 기대에 미치지 못하는 점도 있는 거죠. 그러나 여기에는 현실적인 여러 사정도 있다고 생각합니다.

그러나 이제 더 큰 차원에서 바라볼 문제들이 있습니다. 현재 세계 경제체제가 급속도로 재편되고 있지 않습니까? 예를 들어서 반도체 산업과 관련해서도 상황이 많이 바뀌었고요. ESG경영[35] 문제도 우리 당이 잘 판단해야 한다고 생각하는데요. 우리 당을 보면 ESG경영이 진보적인 색채가 강한 정책이고, 선택의 문제라고 생각하는 분들이 계십니다. 하지만 이것은 더 이상 선택이 아니라 의무고, 우리가 받아들여야 하는 운명이라고 저는 생각합니다. 이걸 제대로 들여다보지 못하면 우리의 수출판로 자체가 통째로 막힐 수 있거

---

35 **ESG 경영.** 'ESG'란 기업의 비재무적 요소인 환경(Environment), 사회(Social), 지배구조(Governance)를 뜻하는 것으로, 'ESG 경영'이란 장기적인 관점에서 친환경 및 사회적 책임경영과 투명경영을 통해 지속 가능한 발전을 추구하는 것이다. 미국과 EU를 중심으로 점점 의무화되는 추세다.

든요. GATT 체제[36]나 우루과이 라운드[37] 같은 국제적 규범 체제가 있었듯이 이제 ESG 경영을 안 하는 회사의 제품은 아예 수출이 안 된다고 하는 것이 선진국들이 마련하고 있는 또 다른 규칙이에요. 그런 부분들에 있어서 윤석열 정부가 이제 들여다보고 있다고 생각합니다. 이런 세계질서의 재편에 대비해서 윤석열 대통령이 지금 가치동맹을 강조하며 큰 차원의 국익적 스탠스를 잡는 과정에 있다고 봅니다. 우리가 미국과 함께 새로운 세계질서를 만들어 가는 블록에 들어가서 우리의 생존전략을 찾고 있다는 측면에서 저는 방향을 제대로 잡고 있다고 생각합니다.

이쌍규 국민의힘의 역사를 보면 탄핵국면에서 국민에게서 외면받았다가 다시 정권교체까지 이루어내지 않았습니까? 의원님은 정치하면서 단 한 번도 탈당을 해보신

---

36 **ATT 체제.** 관세 무역 일반체제인 GATT(General Agreement on Tariffs and Trade) 체제는 세계무역기구(WTO, World Trade Organization) 체제 이전의 체제이다.

37 **우루과이 라운드.** 1986년 9월에 열렸던 관세 무역 일반 협정(GATT)의 문제점을 해결하려는 새로운 다자간 무역 협정을 뜻하는 말이며, 이를 통해 세계 무역은 GATT 체제에서 WTO 체제로 넘어가게 되었다.

적도 없으시고요. 의원님께서 현재의 국민의힘을 보
실 때, 수권 정당으로서의 역량을 충분히 가지고 있
다고 생각하시나요?

김선동　아직 부족하죠. 부족하지만 저는 할 수 있다고 생각합니다. 지금 우리 당의 문제를 하나 지적해보자면, 우리 대한민국이 앞으로 어떻게 가야 하는가에 대한 큰 문제에 관한 토론의 장이 잘 마련되어있지 않아요. 우리는 리더가 어디로 가자 그러면 쭉 따라가고 그러는 것에 있어서는 굉장히 충성도도 높고 잘 따라가는데요. 정작 우리가 시대의 변화를 주도하기 위해 어떤 방향으로 가야 하는 건지에 대한 논의는 잘 이루어지지 않아요.

예를 하나 들어볼게요. 우리가 남북통일 시대를 준비하는 문제에 있어서 대비가 잘 되어있지 않아요. 만약 북한에 어떤 변고變故가 생겨서 자유 총선거를 하게 된다고 그러면 우리 당이 한반도 전체의 정치지형에서 과거 자민련과 같이 한반도에서 축소된 일각의 세력으로 전락할 가능성이 대단히 높다고 생각합니다. 그러면 가만히 앉아서 그런 상황을 맞이할 거냐. 우리도 뭔가를 준비해야 하는 것 아니냐. 이런 문제 인식을 공유하고 논의해야 하는 거죠. 가령, 탈북민에 대한 지원을 우리 당이 주도해서 2배, 4배, 아니 8배, 16배로 늘리

김선동의 동문동답

자고 진정성을 갖고 노력해 가면, 북한에서 유사시 어떤 변화가 발생했을 때, 탈북한 동포들을 실효성 있게 챙긴 건 우리라고 자신 있게 이야기할 수 있겠죠. 다만, 실효적 지배력이 북쪽에 미치지 못했을 뿐이지 북한 동포들을 제대로 챙긴 건 우리 당이다. 그러니 우리를 믿고 도와 달라, 같이 하자. 이렇게 할 수 있는 거 아니겠습니까? 그런데 지금 이대로 가면 우리 통일 한반도에서는 그냥 소수 자민련식이 되는 거예요. 그런데 우리 당에서 이런 식으로 미래를 대비하자는 이야기가 나오고 있나요? 없지 않습니까?

이쌍규 저도 들어본 적이 없습니다.

김선동 그런 부분에서 준비도 우리가 해야 한다고 생각하고요. 인권에서도 마찬가지예요. 그동안 민주당이 소수자와 약자를 많이 대변해오지 않았습니까? 반면에 우리는 그들을 위해 해야 할 일을 제대로 하지 못했습니다. 게을렀던 거죠. 그래서 제가 김병준 비대위원장이랑 일하던 시절에 우리도 인권을 이야기할 수 있어야 한다고 했어요. 우리 대한민국에서 굉장히 어려운 소수자와 약자들에 대한 인권을 챙기면서 북쪽에도 똑같이 요구해야 한다는 거죠. 민주당은 유독 이상하게 휴전선 위쪽의 인권에 대해서는 침묵하는 정당이잖아요. 반면에 우리는 휴전선 이남과 이북의 인권을 똑같이 챙기며 보편적 인권을 주장하는 정당으로 거듭날 수 있는 거고요. 그런 걸 안 할 이유가 없지 않습니까?

일각에서는 북한이 지금 핵을 개발해서 정권이 안정적일 거로 생각하지만, 저는 언제 터질지 모르는 시한폭탄이라고 생각하거든요. 그러면 북한에 어떤 급변사태가 벌어져서 자유 총선거를 개최한다고 보자고요. 자유, 평등, 직접, 비밀의 원칙 아래 총선거를 하게 된다면 어떻게 되겠어요? 일단 지금 우리 대한민국은 정치 지형이 동서로 나뉘어 이른바 영남의 동편제東便制, 호남의 서편제西便制 식으로 50대 50으로 갈려 있지 않습니까? 그리고 진보 세력이 한 10% 미만으로 존재하겠죠. 북한의 인구가 2,500만이 있어요. 이걸 다 섞어서 선거를 치르게 되면, 이게 통일 한반도에 축복일까요, 재앙일까요? 저는 재앙이 될 가능성이 높다고 생각하거든요. 그렇다면 동편제인 우리 당으로서는 어떻게 해야하느냐. 보다 개혁적이고 합리적인 세력으로 거듭 나야 한다는 거죠.

우리 서편제의 경우를 보면 옛날에, 동편제라는 거대 세력을 상대하다 보니까 '쟤네 말고 다 모여'라고 해서 때로 마뜩잖게 종북 숙주 역할도 해야 하는 그런 구조적인 상황이 있었어요. 이런 생각을 해봅니다. 우리 동편제가 더 개혁적이고 합리적인 세력으로 거듭나고, 서편제는 '김대중 대통령의 민주화 세력＋양심적인 진보 세력'의 결합체 정도가 된다고 하면, 동과 서가 하나가 되지 못할 이유가 없어지는 것 아니겠습니까? 이렇게 되면 대한민국에서 건강하고 합리적인 보수가 적어도 70~80%는 점유할 수 있어요. 그런 판도가 되면, 어느 날 북한에서 어떤 변동이 있더라도 통일 한반도의 미래는 안정적인 예측이 가능해지지 않을까? 그런 생각을 해왔습니다. 우리 정치권이 패 갈라서 국민의힘은 국민의힘끼리, 민주당은 민주당끼리 '올 오어 낫띵(All or Nothing)' 게임을 하며 갈 필요가 없다는 거죠. 사실, 둘이 별 차이도 안 나면서 이렇게 서로 적대시하고 싸울 필요가 없습니다. 이런 문제까지도 책임 있는 정치인들은 염두에 두고 있어야 한다고 생각합니다.

이쌍규 윤석열 정부의 경제정책에 대해서도 앞서 이야기하셨는데, 이 위기 상황을 어떻게 극복해야 한다고 생각하십니까?

김선동 제가 추경호 장관으로부터 들은 이야기는 우리 경제가 올해 연말을 지나면서 경제가 바닥을 치고 올라온다는 전망이었어요. 그래서 그런 상황은 지켜봐야 할 것 같고요. 경제 전반의 상황보다는 지금 민생이 굉장히 어렵죠. 민생을 챙기기 위해서는 제대로 된 희망을 보여줘야죠. 우리 국민은 실질적인 희망의 출구를 보여주면 어려워도 잘 참아내시거든요.

앞서도 언급했지만, 우리 핵심 전략산업 분야의 공급망이 재편되고 세계질서가 변화하고 있잖아요. ESG 경영만 하더라도 더는 선택이 아니라 우리가 숙명적으로 받아들이고 준비해야 할 새로운 게임의 규칙이거든요. 그런 대열에 합류하고 흐름에 승선해서 우리가 국제 산업을 주도할 수 있는 전략을 향후 5년, 10년 이내

에 만들어내느냐가 대한민국의 미래를 결정할 중요한
분수령이 될 거로 생각합니다.

이쌍규 지난 정부의 소득 주도 성장론[38]에 대해서는 어떻게
생각하십니까?

김선동 제가 되도록 대립적 관점에서 안 보려고 하는데요. 하
지만 아무리 봐도 소득 주도 성장론은 성장론이라기보
다는 분배론이 아닌가 생각합니다. 소득이 올라가려면
국가나 기업이 그것을 뒷받침해 주어야 하잖아요. 그
리고 그것이 지속 가능하다는 것을 전제로 해야 성립
이 되는 것인데, 그런 것 없이 소득부터 올린다고 하면
그건 분배론에 가깝죠. 그래서 기업이 뛸 수 있도록 자
유로운 환경을 조성해줌으로써 일자리를 창출하도록
해주는 것이 우선이라고 생각합니다.

---

38 **소득 주도 성장론.** 근로자와 서민 가계의 실소득과 구매력을 대폭 끌어올
려 현재 수출 대기업에 지나치게 의존하고 있는 한국의 경제 구조를 가계 중심,
근로소득자 중심으로 전환 시켜 내수 경제를 발전시켜 새로운 성장동력으로
삼는다는 이론이다. 가계의 임금과 소득을 늘리면 소비도 늘어나 경제성장이
이루어진다는 내용으로, 경제성장 동력이 정체 중인 한국의 현실을 타개하려
는 방법으로써 일부 소장파 경제학자들에 의해 제시되었고, 문재인 정권의 경
제 안건으로 채용되었다.

김선동의 동문동답

내가 정치를 하는 이유

전혜인 〈차세대 정치 지도자 11인〉에 선정된 적이 있으시더라
고요. 그 배경이 무엇이라고 생각하시나요?

김선동 잘 모르겠어요. 초선 때 저희가 민본21 등을 통해서 굉
장히 건강한 목소리를 낼 즈음에 시사저널이라는 잡지
에서 조사를 통해서 그걸 좋게 평가했나 봐요.

전혜인 그뿐만 아니라 〈국회를 빛낸 바른 언어상〉도 받으셨는
데, 그건 어떤 상인가요?

김선동 그 상은 제게 굉장히 의미 있는 상입니다. 우리 국회가

하도 싸우기만 하고 수준 이하의 모습을 보이다 보니 대학교수님들과 학생들이 단체를 결성해서 지금도 매년 상을 수여하고 있는데요. 그때 바른 언어상 중에서도 품격 언어상을 받았어요. 똑같은 언어를 사용하더라도 되게 기분 나쁘게 하는 사람도 있고, 아픈 얘기도 상처 주지 않으면서 상대방이 받아들일 수 있게 하는 사람이 있잖아요. 그래도 나름 제가 후자에 속해서 품격 언어 상을 받을 수 있지 않았나 해서 그 상을 되게 자랑스럽게 여기고 있고, 앞으로 정치를 하면서 적어도 말로는 사람들에게 상처 주지는 말아야겠다고 항상 새기고 있습니다.

전혜인 정치를 하면서 상도 많이 받으셨는데, 이루고자 했던 것 중에서 이룬 것과 이루지 못한 것이 있다면 어떤 것들이 있으실까요?

김선동 이룬 것보다는 이루지 못한 것들이 떠오르는데요. 정치가 존재하는 이유가 국민을 통합시키고 목표를 제시해서 영차영차 해나가는 에너지를 만드는 것이어야 한다고 했는데요. 그런 정치풍토를 만들지 못한 것이 가장 아쉽고, 그걸 만들어내기 위해 항상 노력해야 한다고 생각합니다. 우리가 언제까지 이렇게 지질한 정치를 통해서 국민에게 실망감만 안겨드릴 수는 없잖아요. 그런 정치문화를 바꿀 때가 되었죠. 여야가 경쟁하더라도 긍정적인 방식으로 경쟁하기 시작하면 그런 문화가 어느 순간 바뀔 수 있다고 믿습니다. 22대 국회가 그 새로운 시작이 되는 무대가 되었으면 좋겠다고 생각을 합니다.

전혜인 정치인으로서 오해도 많이 받고 고충도 많으실 텐데, 그럼에도 불구하고 정치를 계속하고자 하는 이유가 뭔지 궁금합니다.

김선동   우리 정치를 바로 세우고, 통합의 정치를 하기 위해
         서죠.

전혜인   정치를 바로 세운다고 하셨는데, 그러면 바로 세워져
         야 하는 것은 어떤 것들이 있을까요?

김선동   미래 담론을 만들고, 장래성이 없는 것부터 고쳐야죠.
         우리 정치 현실을 보면 지역으로 크게 동편제, 서편제
         로 갈려져 있고 역사문제로도 갈라져 있죠. 민주당 계
         열에서는 본인들의 정당성의 기제로 삼고자 하는 경향
         이 있어요. 하지만, 역사문제를 과연 정치의 중심으로
         끌고 국민을 갈라놓게 하는 것이 바람직한가, 다시 한
         번 생각해봐야 합니다. 우리 당도 마찬가지예요. 제가
         사무총장을 맡고 있을 때 추진했던 것이 5.18 민주묘
         역 참배였어요. 김종인 비대위원장을 모시고 무릎 꿇
         고 사죄했죠. 그러고 나서 우리 당에 영향력 있는 친구
         들과 한 번 더 내려갔었어요. 그래서 그 의원들과 당내
         여론을 조성해서 광주에서 역사결의를 추진하려 했던
         적이 있습니다.

내용은 이런겁니다. 현존하는 아픔이 남아있는 역사적 사안에 대해서는 이제 이야기를 하지 말자. 왜? 미래로 나아가기 위해서. 지금 당장 결론을 꼭 봐야 한다고 생각하지 말자. 우리가 조금 떨어져서 보거나 한 차원 위에서 보면 30년, 40년 뒤에는 역사가 말해줄 것이다. 그런데 그걸 당장 규명하자고 이야기하는 것은 첨예한 국민 갈등만 불러일으키지 않는가. 이제 국민을 통합해서 미래로 나아가기 위해서는 그런 역사적 사안에 대해서 우리가 더 이상 이야기하지 말자는 합의가 있어야 합니다. 그래야 우리 당도 역사문제의 질곡에서 빠져나올 수가 있다고 생각해요.

민주당에게도 사실 할 말이 있어요. 민주당도 과거에 연좌제 같은 건 하지 말자고 그랬던 당이거든요. 그런 아픔이 있는 당이에요. 그런 민주당이 우리 당을 향해 토착왜구 운운하지 않습니까? 민주당도 이제 그런 표현을 삼가야죠.

민주당도 역사의 상처를 소환해서 증오와 갈등을 만드는 것을 그만두고 앞으로 함께 나아갔으면 좋겠어요.

우리 정치권이 그런 차원의 노력을 통하여 한 단계 높은 미래로 가는 담론을 형성해야 한다고 생각합니다.

전혜인 지금 담론의 부재에 관한 이야기를 해주셨는데, 그것이 제대로 형성되지 못하는 이유는 뭐라고 생각하시나요?

김선동 여야 간에 그런 논의가 이루어질 구조가 만들어지지 않은 것이 크죠. 진영논리에 갇혀서 대화 자체를 거부하는 거죠. 지금 우리가 앉아서 진행하고 있는 이 프로젝트도 그런 진영논리의 정치가 아닌 미래를 위한 담론과 정치의 근본적인 문제들을 바라보고 논의하는 프로그램의 일환인 것 같은데, 이런 게 되게 좋은 것 같아요. 이런 매개체를 통해서 논의가 이루어지고 그것이 활성화되어야죠. 현재 우리 언론도 정치인들에게 이런 질문들을 던지지 않아요. 하지만 이런 걸 통해서라도 끊임없이 질문하고 논의가 진행되어야죠. 토론이 이루어지면 양질의 변화는 발생하기 마련입니다.

전혜인 의원님께서는 대한민국에서 성공한 대통령이 있다고 생각하시나요?

김선동   없잖아요.

이쌍규   너무 솔직한 거 아니십니까?

전혜인   그러면 모두의 말로가 그렇게 좋지 못했던 이유는 뭐라고 생각하시나요?

김선동   아까 위임된 권력에 대해서 말씀을 드렸는데요. 위임된 권력이라는 본질을 간과하면 그 결과로 나타나는 것이 권력의 독점이에요. 권력을 한 사람이 다 가지고 있으면 그 책임도 그 한 사람이 다 져야 하는 거예요. 우리가 지나가다가 맨홀 뚜껑이 잘못되어서 다리를 다쳐도 대통령이 잘못한 거죠. 그렇게 욕을 해도 할 말이 없는 거예요. 권력이 독점되어 있기에... 그런 권력의 독점으로 나타나는 폐해가 가장 큰 실패의 원인이라 생각합니다.

이걸 방지하기 위해서 가장 좋은 기제는 의회민주주의를 강화하는 거예요. 행정부에서 의회에 권력과 책임을 분산시키는 거죠. 그렇게 해서 책임을 공유하는 정치운영이 필요합니다. 이건 대통령제다 아니다의 문제를 떠나서 실질적으로 어느 정도의 존중을 통해 국정을 운영하느냐를 통해 해결할 수 있습니다. 권력과 책임은 분산하고 공유할 때 더 단단하고 안전해지는 것이거든요.

전혜인 그렇다면 정치를 막 시작하기 전의 김선동에게 지금의 김선동이 그래도 '정치는 이거다'라고 이야기해준다면 어떤 말씀을 해주고 싶으신가요?

김선동 정치는 '갑甲이 아니라 을乙이다'라는 얘기를 꼭 해주고 싶어요. 그리고 또 하나는 '정치는 현실現實이 아니라 이상理想이다'라는 이야기도 해주고 싶습니다.

전혜인 진영논리를 뛰어넘는 정치에 대해서 여러 번 언급해주셨는데요. 사실, 진영논리에 따라서 정치하는 것이 오히려 편하다고 생각해 보신 적은 없으신가요?

김선동 진영논리대로 하면 편하죠. 생각을 내려놓고 거수기 역할만 하면 되고 얼마나 편하고 안전하겠습니까? 그

런데 그건 정치인으로서 자기의 가치를 포기하는 행위라 생각해요. 정치인이라면 항상 힘들고, 고뇌가 많아야 한다고 생각하거든요. 100% 국가만을 위해서 했다, 100% 지역을 위해서만 했다, 100% 당을 위해서 했다. 이런 건 있을 수 없어요. 그 사이에서 자신만의 원칙을 세워서 중심을 잡아야 하는 거죠.

전혜인   그렇다면 의원님만의 그런 원칙은 어떤 것들이 있을까요?

김선동   정당은 전국 정당을 추구해야 하고, 정치인도 전국적인 민심이 늘 중요한 잣대가 되어야 한다고 생각합니다. 다만, 국민의 생각과 리더의 생각이 다를 때가 있어요. 예를 들어서, 대다수의 국민이 이걸 원하시지만, 국가가 그런 방향으로 가는 것이 옳지 않을 수 있죠. 그럴 때는 민심을 거스를 용기도 있어야 한다고 생각합니다. 그게 큰 지도자와 그렇지 않은 지도자를 분별하는 갈림길이라 생각하고요.

제가 박정희 대통령의 한일국교 정상화에 대한 논문을

썼잖아요. 당시 5.16이 있고 나서 정권이 그렇게 안정되어있지 않을 때예요. 게다가 해방된 지 얼마 되지 않아서 일본이라 하면 얼마나 치를 떨 때입니까? 그런데 한일국교 정상화라는 것은 그걸 모두 뛰어넘어서 국가의 미래를 위한 도박을 감행한 거예요. 또 하나의 큰 혁명인 거죠. 국가를 위해서 자신의 권력을 건 도박을 감행할 수 있는 국가 지도자로서의 면목이 오늘의 대한민국을 만드는 밑거름이 된 거죠. 당장은 국민에게 인정받지 못하더라도 후대에 국민이 이해해주실 거라는 믿음을 갖고 국가를 위한 선택을 내리는 큰 안목을 가진 지도자들이 우리 정치에 많이 나와야 한다고 생각합니다.

전혜인 그러면 국민의힘이 그런 정치인들을 배출하는 정당으로 거듭날 수 있다고 보시는 거죠?

김선동 가능하지 않으면 정치 포기해야죠. 가능하다고 생각하고 내부혁신을 이루어내는 게 정치인들의 몫이라 생각합니다.

이쌍규 그러면 이번 총선에서 국민의힘이 내세울 대표 공약을 만든다면 어떤 걸 만들어보고 싶으신가요?

김선동 제가 중산층·서민경제 위원장을 맡고 있지 않습니까? 중산층을 복원하고 서민 복지를 챙기는 정책들을 선보이려고 합니다. 당 고위층분들에게 이번 총선을 위해서 두 가지 정책 패키지가 필요한데 하나는 중산층 복원과 서민 복지고 다른 하나는 청년들의 미래와 관련된 거라고 말씀을 드렸어요. 지금 청년들이 너무나 희망이 없잖아요. 그래서 그 두 가지 정책 패키지가 필요한 것이고요. 그리고 당장 표가 되지는 않겠지만 앞서 계속 말씀드렸던 세계 경제의 흐름 속에서 우리가 혁신 역량을 강화할 수 있는 전략들도 잘 챙겨야 합니다.

전혜인 이번에 내세울 정책은 그렇고, 국민의힘이 지난 대선에서 받은 민심을 잃지 않도록 무엇을 해야 한다고 생각하시는지 궁금합니다.

김선동 제가 당의 사무총장 시절에도 당에 말씀드려놓은 내용이 있습니다. 우리 당이 제일 부족한 게 국민 속으로 들어가는 거예요. 현장에 답이 있다고 하잖아요. 매월 1회 정도 날짜를 정해서 전 당원이 현장에 나가서 봉사하는 겁니다. 그걸 우리 중앙당에서 집계해서 시도당 단위에서 제일 열심히 하는 사람들에게 표창하는 거죠. 서울에 49개 지구당이 있는데 거기서 표창하고, 모범 시도당은 중앙당에서 표창해주는 거죠. 일종의 봉사 마일리지 제도를 만들고, 공직 후보에 나오겠다고 하는 사람들은 그 레코드를 공개하도록 해야 더 잘 정착할 겁니다. 그렇게 되면 우리 당이 국민 속으로 들어가게 되겠죠. 대로를 점령하는 것이 아니라 후미진 뒷골목으로 우리가 들어가서 국민과 함께하는 정당의 모습을 보이자는 거죠. 굉장히 간단한 건데요. 제가 그걸 정착시키지 못하고 다른 일에 나서는 바람에 아직 뿌리내리지 못했습니다.

이쌍규 그때 서울시장 후보로 나온 것을 후회하진 않으시죠?

김선동 아니요. 의미 있는 도전이었다고 생각하고요. 도전을 하고 나니까 그와 관련된 에피소드들도 이렇게 이야기할 수 있잖아요. 또, 저 자신을 한 번 더 되돌아보는 그런 계기가 되었어요. 서울시장은 대중 정치인이잖아요. 대중성을 갖추어야 하는데 그게 부족했던 거고요. 내가 믿는 나 자신만의 능력이 아닌 남들이 인정하고 공감하는 그런 경륜과 이미지도 갖추어야 해요. 그것은 선택이 아니라 의무라 생각하고요. 저는 그 의무를 다하지 못했던 겁니다.

이쌍규 의원님이 생각하는 민생民生은 무엇인가요?

김선동 대한민국에서 태어나 당연히 누려야 할 권리와 기회를 누리도록 보장해주는 것이 민생 아닐까 싶습니다.

이쌍규 그러면 의원님이 생각하시는 정의正義는 무엇입니까?

김선동 공정한 기회를 보장하는 것.

이쌍규 김선동을 키워드로 정해보면 어떻게 정리할 수 있겠습니까?

김선동 김선동이요... 비전, 전략, 뚝심. 이런 걸 말할 수 있겠지만. 저는 '정통파 우완투수'라고 하겠습니다.

이쌍규 3선에 만약 실패하면 정치를 그만두실 것 같으십니까?

김선동 인생은 사는 게 한 번이잖아요. 그런데 정치를 하면서 가족이나 저 개인적으로도 많은 것들을 희생하면서 살아왔다는 생각이 들어요. 그래서 만약 이번에 실패하면 '선동아, 너도 이제 한 번 네 인생 챙겨봐야 할 것 아니니. 지금까지는 공적인 의무감으로 살아왔는데.' 그런 생각을 한 번쯤 해볼 것 같아요. 마음 같아서는 떨어지면 이제 안 한다고 하고 싶어요. 근데 그래도 아마 또 딛고 일어서지 않을까 하는 생각도 듭니다.

이쌍규 정치인 김선동에게 한마디 격려를 해주신다면?

김선동 정치가 하도 욕을 먹어서, 정말 저라도 저한테 격려해주고 싶네요. '선동아 너, 잘 살았다. 힘내라.'

김선동의 동문동답

인간 김선동

이쌍규 의원님에게 가족은 어떤 의미입니까?

김선동 제 인생의 시작이자 끝까지 같이 갈 가장 소중한 동반자.

이쌍규 사모님은 혹시 전업주부이신가요?

김선동 네, 전업주부예요. 아이 둘 낳으면서 육아를 위해 전업주부가 되었습니다.

이쌍규 그러면 낙선하면 수입이 없지 않습니까? 그러면 생활을 어떻게 하시나요?

김선동   그게 굉장히 어렵습니다. 옛날에 어떤 선배님께서 가난한 사람이 먹고사는 방법은 귀신도 모른다고 했어요.

이쌍규   쉴 때는 주로 무엇을 하면서 쉬시나요?

김선동   요새는 가족과 시간 보내는 거 아니면 TV를 주로 보는 것 같아요. 제일 좋아하는 프로그램이 〈걸어서 세계 속으로〉같이 세계를 여행하는 그런 프로그램들 즐겨 봅니다. 그다음으로는 스포츠를 굉장히 좋아해요. 그래서 축구 U17 경기 같은 것도 꼬박꼬박 챙겨봤고요. 그런데 제가 잘 쉬지를 않아요. 차로 이동하고 그럴 때도 영어공부를 하는 편이에요. 아침마다 일어나서 하지 못하면 꼭 이동할 때라도 영어공부를 하거든요. 그게 제 필수 일과 중 하나입니다.

이쌍규　오늘 딱 하루만 산다면 무슨 일을 하고 싶으신가요?

김선동　가족과 24시간을 보내고 싶어요. 집사람이랑 가족들. 함께 많은 시간을 보내지 못했잖아요. 그러니까 소중한 가족들하고 식사하고 두런두런 이야기 나누는 시간을 갖고 나서, 살면서 고마웠던 분들이나 미안했던 분들에게 최대한 편지를 쓰다가 마무리할 것 같아요.

김선동 마음의 편지

가족법

(2020. 3. 12)

새벽 출근 - 오후부터 다음 날 일정 챙기기 - 새벽 퇴근이 반복되던 시절의 이야기.

참 일 속에 묻혀 살았던 시절이었다. 그 중 유일하게 오후 출근을 해도 되는 날이 있었다. 일요일이었다. 지금 생각해 보면 일요일도 출근해야 하는 상황이니 참 힘들었을 텐데 새벽 아닌 오후에 출근한다는 사실만으로도 좋은 날이었다.

그러던 어느 일요일 아침이었다.

"밖을 위해서는 이렇게 온몸을 던지며 사는데 내 가족을 위해서는 무엇을 해주고 사는가?"

문득 소중한 내 아내와 아이들을 위해 내가 아침상을 차려 보기로 하였다. 모처럼 집사람에게는 좀 자라고 한 후 간단한 요리로 아침 밥상을 차려 보기로 했다. 그런데 놀라운 것은 그렇게 일주일을 피곤하게 보낸 몸인데 가족을 위해 일한다 생각하니 그렇게 마음이 좋을 수가 없었다. 피로 제로! 힐링의 시간이었다. 가족들도 좋아했다. 그리곤 그날 이후 가족 사랑을 자청하는 '일요

아빠 쉐프'가 되었다. 가족 간의 믿음도 더 끈끈해졌다. "내 남편이, 우리 아빠가 시간만 되면 이렇게 가족을 챙기는 사람인데"하는 가족애가 돈독해졌다.

뭐 대단한 요리도 사실 아니다. 내 단골 메뉴는 간단한 몇 가지에 불과하다. 하나는 감자를 채 썰어서 볶아주는 감자볶음이다. 아이들은 내가 만든 감자볶음이 엄마가 해주는 것보다 맛있다고 한다. 가족 건강을 생각해 기름을 적게 쓰는 애들 엄마보다 나는 기름을 넉넉히 둘러 볶으니 그럴 수밖에 없다.

또 하나는 라면 탕수육!

레시피는 아주 간단하다. 면은 면대로 끓이고 다른 한쪽에서 적당한 물에 채소와 소시지를 썰어 넣고, 라면 수프를 넣어 끓인다. 어느 정도 물이 졸여진 상태에서 감자녹말을 넣으면 탕수육 소스가 된다. 이것을 라면에 부으면 라면 탕수육 끝. 이 초간편의 라면 탕수육은 도봉구 형제들과 야외로 나갈 때면 가끔 실력 발휘하는 종목이다. 먹어보면 중독성도 있고, 해장 요리로도 그만이다.

도전, 아빠 쉐프!

가끔 정치나 기자 생활하는 괜찮은 후배들에게 마음을 담아 이 이야기를 해주면 한 번 꼭 해보라 권하기도 한다. 이 글을 읽으시는 분들도 아내와 아이들을 위해 꼭 한 번 해보셨으면 한다.

에필로그 1

고향은 강원도 원주시이지만, 유년 성장기는 주로 서울에서 보낸 교육자 집안 출신의 김선동 前 의원. 어릴 때 동네 어른들이 "그래 너는 케네디 닮았다."라고 이야기하는 바람에 미국 케네디 대통령을 존경하게 된 '선데이' 별명을 가진 쾌활한 소년. 어려서부터 늘 나라를 위해 뭔가를 해야 한다는 마음을 가진 감자 소년은 대학에서 정치학을 전공하고 대학원 석사, 박사 과정을 다니다가, 청와대 행정관, 정무 비서관, 재선 국회의원까지 선출되어 일관된 꿈을 가지고 정치 인생을 살아온 김선동. 이러한 인생과정이 단지 지독히 운이 좋아서 생긴 결과라고 스스로 겸손하게 이야기한다.

인터뷰에 대한 그의 답변은 논리적이고, 정제된 언어를 항상 사용한다. 다소 불편한 정치질문에도, 관련된 해당 당사자가 설화의 피해를 보지 않도록 완곡하게 답변하기도 한다. 남의 말을 쉽게 옮기지 않으려 우직하게 답변한다. 일종의 '크레 믈린 화법'이다. 발바닥에 정치 군살이 내면적으로 배긴 몸집 큰 정치인의 솔직한 모습을 볼 수 있었다. 그는 어려운 문제가 닥치면, 안절부절하고 허둥지둥하는 스타일이 아니다. 감정의 홍수에 빠지지 않고 다른 일을 정상적으로 해 가면서 차분히 가라앉은 상태에서 자기중심을 잡고 문제를 해결하려고 한다. 남들이 보기에는 천하태평이지만, 미래를 향한 미래형 리더십, 실천력 있는 직진형의 리더십을 가진 사람이다.

그는 근본주의자다. 근본주의(根本主義)란 무슨 뜻인가? 그는 결과만 중요시하지 않는다. 그 결과를 도출하기 위한 절차와 과정을 매우 중요시한다. 그는 12년 선거 낙선의 경험을 가진 '퐁당퐁당' 정치인이다. 17대 때 처음 국회의원 선거에 도전을 시작하여 4년이라는 인내의 시간을 가지다가, 드디어 18대 국회의원에 당선되고, 또 19대에 낙선했다가, 20대 또 당선되고, 21대 다시 낙선하였다. 국회의원으로서 일하고 떨어지고, 일하고 떨어지고, 다시 일어서고 하는 이런 고통의 시간이 일의 절차와 과정을 중요시하게 된 정치 인생의 변곡점이라고 생각할 수 있다.

그는 포기를 모르는 용기 있는 사람이다. 1988년 이후 20년 동안 보수 정당이 당선된 적이 없는 민주당 강세 지역인 서울 도봉구에 출마하여 첫 당선이 되었다. 그가 낙선과 당선을 반복하는 국민의힘의 약세 지역이지만, 지역구를 옮길 생각이 전혀 없다. **원칙은 단순하다. "내가 사는 곳에서 한다. 오히려 어려운 지역이기 때문에 할 일이 많다."** 그는 명성 있는 강남의 국회의원보다, 무소같이 일 잘하는 '서민의 국회의원'이 되고 싶어 한다. 흔히 선거를 상대 후보와의 싸움이라고 생각하는데, 그에게 더 근본적인 것은 "자기 자신과 싸움이고, 나의 실제 경쟁자는 자기 자신, 자기 자신과의 투쟁이다."라고 항상 생각한다. **내가 최선을 다하면 지역 민심은 나의 땀과 열정을 배신하지 않는다. 큰 걸음보다 한 걸음씩 걸어가는 우공이산(愚公移山)의 생활 담론 중심의 정치인 모습이다.** 지구당 사무실의 소파 상석에 절대 앉지 않고, 국회의원으로 국회 본관에서 근무할 때, 본관 문이 확 열리면 여름에 뜨거운 공기가 훅 들어가고, 겨울이 되면 찬바람이 들어가서 거기에 근무하시는 분들이 더위와 추위에 피해를 보지 않도록, 반드시 회전문으로만 출입하는 '초심의 덫'을 스스로 놓고 사는 자기 성찰의 정치인이다.

그의 정치철학 출발은 항상 사람이다. 그는 사람을 존중하고 상대를 배려하는 호연지기浩然之氣 정치인이다. 우리 정치에서 '저 사람은 멋있는 정객政客이다'라고 할 정도의 그런 정치인을 잘 찾아보기 힘들다. 그래서 그는 이렇게 이야기한다. 정치인은 협객 의식도 좀 있어야 하고, 통찰의 호연지기를 늘 품어야 우리같이 작은 땅덩어리에서 힘이 센 미국, 러시아, 중국 등을 감당해내는 '국가적 안목과 통찰력'을 가질 수 있다고 주장한다. 호연지기는 통념적 생각이 아니라, 새로운 통찰이고, 다른 시대적 안목이다. 그래서 그는 국가의 미래전략을 굉장히 중요시한다. 국제정치학 전공자다운 생각이다.

흔히 김선동 의원을 사람들은 '친박 정치인'이라고 생각한다. 그러나 그는 박근혜 전 대통령하고 개인적 인연이 전혀 없다. 그의 능력을 눈여겨본 사람들이 박근혜 대표 재직 시 비서실 부실장에 추천한 것이다. 그 후 능력을 더 인정받아 박 대통령 정부에서 정무 비서관을 역임하였다. 그는 탄핵으로 친박에 대한 여론이 굉장히 안 좋고 이럴 때도 한술 더 떠서 나는 친박이 아니고 '본박'이라고 주장하였다. 이렇게 주장하는 이유는 한 번도 친박들의 무슨 헤게모니니 하는 못된 패거리 짓을 하거나, 그런 데에서 가담해 본 적이 없다는 도덕적 자신감 때문이었다. 탄핵으로 국민에게 손가락질받고 모이기도 힘든 당

지지도 5%의 정치적 수모 상황에서도, 그는 한 번도 보수 정당을 떠나 본 적이 없다. 미련하고 우직한 선당후사의 정신으로 보수 정당을 끝까지 지켰다. 상황이 나쁠 때 비겁하게 도망가는 중심 없는 비겁한 정치인이 되기는 싫었다. 그의 원칙은 단순했다. "내가 서 있는 자리에서 매를 맞는 것이 맞다. 설령 내가 정치를 다시 못 하는 한이 있더라도, 나는 여기서 매를 맞고 다시 시작하겠다."

여야를 떠나서 김선동 의원을 평가할 때 합리적이고 일은 잘한다는 이야기가 많다. 그러나 아직 인지도가 많이 없다는 이야기도 많이 한다. 인지도가 없는 이유는 간단하다. 지금 도봉 지역구의 유권자 구조를 제대로 살피고, 그 유권자들의 가슴과 마음을 헤아려야 하는 긴 시간이 필요하다. 그냥 우기는 게 아니라, 자기 나름대로 국가 비전과 지역 콘텐츠를 가지고, 좋은 품성으로 지역 주민의 말씀을 받아들이는 인내의 시간이 필요하다고 생각했기 때문이다. 명성보다는 실력이 우선이라는 생각을 한다. 사실 김 의원 지역구의 유권자 토양은 민주당이 우세한 지역이다. 그는 좀처럼 상대를 할퀴는 정쟁의 토론에는 절대 참석하지 않는다. 일회용 소모품이 아니라, 묵묵히 일하는 국회의원으로 승부를 보고 싶어 한다. 몇몇 사람이 잘

해서 일반 국민 대중을 끌어가는 '보스 리더십'이 아니라, 국민의 동의를 받는 '섬김의 리더십'이 더 중요하다고 생각하는 소통의 정치인이다.

그는 현재의 적대적 공생관계 정치에서 보기 드문 합리적인 보수정치인이다. 지금의 정치구조로는 대한민국을 제대로 혁신할 수 없다고 생각한다. 그는 닥치고 보수, 닥치고 진보를 벗어나야 한다고 이야기한다. 진보와 보수는 대립적이고, 갈등 지향적이고 적대적이라고 보지 않고, 하나의 나무에서 양쪽으로 난 가지가 보수와 진보라고 생각한다. 보수는 지금까지 잘해 온 것, 그리고 검증된 것, 그래서 우리가 지켜야 할 것을 유지하는 것이고, 진보는 새로운 것을 추구하는 것으로 판단한다. 보수와 진보를 서로 악마화하지 말고, 둘 다 근본적으로 보면 잘해보자는 '경쟁적 이란성 쌍생아'라고 주장한다. 그는 대한민국의 정치발전을 위해서 보수와 진보의 구도가 7대3, 6대4 이런 정도가 아니라, 52대 48 정도로 한 52쯤 우세한 입장에서 보수 정치를 하고, 우리가 까딱 잘못하면 진보 세력에게 정권 넘겨주고 또 진보가 또 잘못하면 우리가 다시 찾아오고 그런 상호 발전적 경쟁 관계로 인식하는 대전환의 정치가 필요하다고 주장한다.

장시간의 인터뷰를 끝내고, 지역구의 선술집에서 소주 한잔을 마시며 한국 정치의 발전을 이야기하는 김 의원의 소탈한 모습 속에서 어릴 적 김 의원이 존경한 케네디 대통령의 말씀이 독한 소주의 향기 사이로 자꾸 오버랩되기 시작한다.

"승자(勝者)는 지는 것을 두려워하지 않는다. 패자(敗者)는 이기는 것도 은근히 염려한다. 승자는 과정을 위하여 살고, 패자는 결과를 위하여 산다. 승자는 순간마다 성취의 만족을 경험하고, 패자는 영원히 성취의 만족을 경험하지 못한다. 승자는 구름 위의 태양을 보고, 패자는 구름 속의 비를 본다. 승자는 넘어지면 일어서는 쾌감을 알고, 패자는 넘어지면 재수를 한탄한다."

이쌍규 씀

에필로그 2

인터뷰는 도봉구민회관 하모니 홀에서 진행되었다. 인터뷰 시작 전부터 김선동 의원의 인터뷰를 기다리는 지역 주민들이 조금씩 모여들었다. 지역 당협위원회 직원분들로 짐작되는 분들도 오셔서 촬영준비에 여념이 없었다. 사실, 이런 세팅을 선호하진 않는다. 최대한 인터뷰이가 편안한 상태에서 이야기를 주고받아야 생각지도 못했던 지점에서 진솔한 이야기도 나오기 때문이다. 하지만 김선동 의원은 정치 구력이 오랜 정치인답게 막힘없이 자기 생각을 말해주었다.

인터뷰를 진행하면서 생각보다 의외의 면이 많아서 놀랐다. 가장 좋아하는 정치인으로 백범 김구를 이야기한 점, 본인은 '친박'을 넘어 '본박'이라 칭한 점, 통일을 대비한 통합에 나서야 한다고 하는 점 등등 예상치 못한 이야기들이 많이 나왔다.

부끄러워졌다. 내가 편견에 사로잡혀 있었다고 하는 생각이 밀려왔다.

양극단의 진영논리에 갇힌 정치 환경,
자극적인 헤드라인만 뽑아대기 바쁜 언론환경,
그 안에서 증오에 중독된 국민 정서,
이에 대한 디톡스(Detox)의 과정으로 시작한 것이 Political Effect라는 프로젝트였다.

그런데 정작 나 자신도 디톡스가 필요했다는 것을 이번 인터뷰를 진행하면서 알게 되었다. 내가 잘 알지도 못하면서 김선동이라는 정치인을 단순히 오랫동안 정치권에서 활동한 '친박'인사라는 이유로 편견으로 바라보고 있었다.

김선동은 낭만이 살아있는 정치인이다.

도봉구에 대한 사랑이 누구보다 큰 사람이라는 것은 말할 것도 없다. 인터뷰를 진행하면서 본인이 발의한 법안의 이야기보다 본인이 확보한 지역예산과 지역 활동 및 민원 해결의 이야기를 더 자랑스럽게 이야기하는 정치인은 처음이었다. 험지에서 개인기로 경쟁하는 정치인들이 그러하듯, 그 지역 정치인들 그 누구보다도 부지런하다. 명절이면 바보처럼 3일 내내 모든 시장을 다 돌며 인사를 드리고, 지역에 필요한 일이 있으면 정치적인 입장은 뒤로하고 그 누구와도 손을 잡고 일을 해결해낸다. 이념이나 계파, 진영보다는 도봉구민을 더 생각한다는 것을 알 수 있는 대목이다.

또한, 몸은 도봉을 돌며 지역 현안을 하나하나 챙기지만, 마음은 통일 한국을 대비한 국민통합을, 경제나 국방보단 문화의 힘이 강한 나라를, 기후위기 등에 선제적으로 대응해서 새로운 국제표준 마련에 앞장서는 경제를 품고 있다. 본인 자신도 이상주의자고, 정치인은 모름지기 이상주의자여야 한다고 말했다.

박근혜 대통령에 대한 의리도 인상적이었다. 사실, 처음에는 박근혜 대통령에 관한 질문에 대답을 꺼려할 것으로 생각했다. 이력을 가만히 보면 '친박'으로 분류는 되어있지만 정작 박근혜 정부에서 누린 것도 별로 없다 보니 할 말이 없을 것 같았기 때문이다. 대한민국 최초의 탄핵 대통령을 모셨다는 이력이 특히 수도권에서 본인에게 도움이 될 리가 없는데도 자신 스스로 '본박'이라 칭하며 오히려 당당한 모습이 상당히 인상적이었고 존중할만하다 생각이 들었다.

도봉구에는 이런 낭만이 살아있는 정치인이 있고, 그는 국민의힘에서 그리고 지역에서 능력을 인정받고 있으며 곧 다시 제22대 총선에 다시 도전한다. 그의 생각에 동의하든 동의하지 않든 이 책을 집어 드는 모든 사람에게 이 책이 그의 정치와 삶을 이해하는 데 도움이 되었으면 좋겠다.

정인성 씀

김선동의 동문동답

우리 의원님은요

_ 박통일 보좌관

전혜인 먼저 본인 소개 먼저 부탁드리겠습니다.

박통일 안녕하세요. 저는 김선동 의원님을 모시고 있는 박통일이라고 합니다. 지금은 의원님께서 현역이 아니시기에, 당직을 가지고 모시고 있습니다. 당에서는 부대변인으로 활동하고 있습니다.

전혜인 여기 지금 의원님하고는 보좌관 역할을 하는거죠. 보좌관 생활을 하신지 얼마나 되었습니까?

박통일 그렇게 오래되진 않았어요. 의원님 떨어지시고 나서 모셨으니까요. 모시기 전에는 기자 생활을 했습니다.

전혜인 그래요? 특이하시네. 어느 신문사에.

박통일   메이저 신문사 인턴으로 입사했다가 지역 작은 언론사에 정식 기자로 들어가게 됐습니다.

전혜인   그럼 지금 보좌관 생활하시면 한 4년 정도 맞나요?

박통일   네.

전혜인   그럼 다른 분을 모시거나 일해본 적 없겠네요?

박통일   김선동 의원님을 모시기 전까지는 다른 분을 모시기보다는 국민의힘의 청년위원회 생활이나 청년 단체를 운영하는 등의 청년 활동을 해왔습니다.

전혜인   원래 정치에 관심이 많았습니까?

박통일   어릴 때부터 정치활동을 하는 게 꿈이었습니다. 제가 정치하는 것도 좋고 큰 정치인을 보좌하는 것도 좋고 하여튼 그 큰 역사의 줄기에서 일해보는 것이 꿈이었습니다.

전혜인 결국은 언젠가는 꿈은 중심으로 다가가는 거잖아요.

박통일 추후에는 어떨지 모르겠지만, 아직 까지는 그런 생각
은 없어요. 왜냐면 의원님을 모시면서, 의원님께서 정
말 큰 정치인이라는 생각이 들었습니다. 분명 최고 중
심에 계실 분입니다.

전혜인 기자 생활을 하다가 이제 정치인의 보좌관이 됐습니
다. 정치에 관심이 많았고. 기자로서 바라본 정치와 보
좌관이 바라본 정치는 어떤 차이가 있는 것 같습니까?

박통일 일단 기자로서 바라보는 정치인은 뭔가를 약간 숨기고
있다고 생각이 들었어요. 그 당시에. 인터뷰를 하거나,
아니면 만나서 대화를 할 때, 약간 조심하고 있다고 생
각이 들거든요. 숨기고 있구나 라고요

전혜인 속내를 이야기 안 한다?

박통일 네. 하지만 기자가 아닌 보좌진으로서 바라본 정치인
은 반대였습니다. 저희 의원님은 굉장히 솔직하신 분

이에요. 그리고 참 성실하세요. 핑계가 없으십니다. 모시는 입장에서 보면 어떨 때는 많이 걱정되고 안쓰럽기도 해요. 어느날인가 새벽부터 살인적인 스케줄을 마치고 저녁 행사 자리가 있었는데 의원님께서 너무 지쳐 보이시길래 다른 약속이 있으시다고 하고 좀 쉬시는 게 어떻냐고 말씀을 드린 적이 있었어요. 그때의 의원님께서 제게 하신 말씀이 너무 감동적이라 아직까지 기억에 남습니다. "나에게는 그냥 한시간이지만, 저분들은 나를 만나려고 기다리고 기다려서 잡은 스케줄이 않겠니? 내가 힘들어도 저분들의 시간을 지켜드려야 한다."

전혜인 보좌관 생활하면서 가장 어려운 점은 뭡니까?

박통일 차츰차츰 제가 하는 행동과 말이 의원님의 주변 분들에게 영향을 드린다는 겁니다. 이것이 너무 어렵습니다. 그래서 저는 스스로도 말과 행동을 자제하는 편입니다. 이걸 보고 가끔 사람들이 제가 숫기가 없다고 생각하는데, 사실 정반대입니다. 다만 이 생활을 하고부터는 말하기 전에, 행동하기 전에 생각없이 바로 말이 나오지 않도록 일부로라도 약간의 딜레이타임을 가집니다.

전혜인 내년에 총선입니다. 의원님 나가시겠죠? 근데 의원님이 만약에 내년에 또 떨어진다. 그러면 그다음 구상은 뭡니까? 본인의 위치나 그런 것들이요.

박통일 의원님은 떨어지시면 안 한다고 하시는데, 저는 제가 의원님 설득해서, 끝장을 볼겁니다. 그 마음까지 먹고 들어왔습니다.

전혜인 의원님 평소 모습은?

박통일 네. 친화력도 있으시고 민생을 챙기러 계속 돌아다니세요. 사무실에서 폼 잡고 앉아 계시는 게 아니고 시간 나면 어디 골목 가자, 어디 상권 가자, 사람 없는 공원 같은 데 가서서 장기 두는 할아버지들하고 인사도 하시고... 제가 갤럭시 워치를 차고 있는데 의원님과 같이 걸으니까 도대체 우리가 얼마나 걷고 있는지가 궁금해서 걸음을 재보니 3만보가 넘더라고요.. 그만큼 발로, 몸으로, 손으로 정치하는 분입니다.

전혜인 같이 의원님과 다니다 보면 지역구민들 많이 만나잖아요. 그럼 지역구민들이 가장 많이 의뢰하는 민원 같은 게 있다면 뭐가 있을까요?

박통일 최근에는 GTX나 우이·방학 경전철에 대한 큰 민원부터 장기판 더 놔 달라, 의자 더 설치해 달라, 동네가 지저분하다 등의 작은 민원까지 전부 의원님께 민원이 들어옵니다. 저는 여기서 놀랐던 것이 김선동 의원님께서는 크건 작건 민원의 경중을 따지지 않으시고 일하십니다. 그래서 사실 의원님 모르시는데, 구청 직원들이 약간 좀 귀찮아하는 듯 하더라고요. (웃음)

전혜인 구민분들이 중요한 건 어찌되었건 지역구민들이 중요하니까 지역구민들이 그런 소소한 것들, 세세한 것들까지 의원님이 신경 써서 해결하고 있다는 걸 잘 알고 있나요?

박통일 지역의 큰 숙원 사업들은 의원님께서 많이 해결해오셔서 다행히 많이 알아주십니다. 하지만 작은 민원들까지 직접 챙기고 계신다는 것은 모르시는 분들이 더 많죠. 어찌보면 늘 마주하는 구의원님들에게 민원을 할 법도 한 데, 의원님을 찾는 민원인들이 훨씬 많은 것 같습니다. 단골 민원손님도 꽤 되고요.

전혜인 4년 가까이를 같이 계셨는데, 개인적으로 바라본 의원님의 장점이 있다고 그러면 뭐가 있을까요?

박통일 매사에 열심이고, 두루 잘하세요. 겉으로 드러나는 부분도 의원님이 예전에 여의도연구원장 하셨잖아요. 여의도연구원이 우리 당의 싱크탱크 역할을 하는 곳이거든요. 우리 당의 정책을 만들고 당론을 서포트해주고.. 거기에 원장을 하실 정도로 아주 탄탄하신 분입니다. 또 드러나지 않는 부분을 말씀드리면 예를 들어서 제가 자료를 밤을 새서 만들어서 보고드리면 의원님이 항상 펜을 드세요. 체크를 해 주시는데 그 내용을 보면 제가 감히 생각해 본 적도 없는 그런 내용들입니다. 굉장히 철학적이고, 건설적인 그런 내용들을 일필휘지로 이렇게 써 내려가시는 걸 보면서 '정말 유능한 분이구나'라는 생각을 합니다.

전혜인　소위 말하는 국민의힘에서는 숨은 실력자다. 국민의
힘에 말하자면 숨어 있는 브레인이다. 라고 말하는데
동의하신 거죠?

박통일　근데 숨어 있다고 보기에는 무리가 있는 게, 왜냐하면
여의도연구원장을 하실 정도면 당내에서도 인정을 받
았다는 얘기거든요. 또 대선급 캠프에서 총괄선대본부
장으로 활약 하실 정도면, 숨은 실력자가 아니고 그냥
실력자입니다. 근데 주민들은 잘 모르시죠. 워낙 이미
지가 소탈하시고 그러니까. 그리고 또 언론앞에 나서
는 체질도 아니어서... 그렇지만 굉장히 유능하신 분이
다. 제가 만나본 그 어떤 분들보다도 유능하신 분이다.
이렇게 말씀드릴 수가 있습니다.

전혜인　이 점을 지역 주민들한테 잘 알리는 게 가장 중요한 일
이겠네요.

박통일　네 맞습니다.

전혜인　그럼 개인적으로 의원님의 단점이 있다면 뭐가 있을

까요?

박통일 의원님 단점이라….

전혜인 단점이라기보다는 우리 의원님 이런 것만 고치면 좋겠다.

박통일 사실 의원님께서 굉장히 꼼꼼한 스타일이에요.

전혜인 근데 겉으로 보면 되게 푸근해 보이시는데.

박통일 네, 푸근해 보이는데, 굉장히 완벽주의자시고 아주 꼼꼼하세요. 일을 하는 데 있어서는. 그렇다 보면 자연스럽게 밑에 직원들이 준비를 많이 해야합니다. 보통의 의원님은 10을 준비하시면 밑에 직원분들은 100을 준비하지 않습니까? 근데 우리 의원님은 100을 준비하세요… 그런게 단점이라면 단점이지만 그건 철저히 비서들 처지에서의 단점입니다.

힘들긴 하죠. 하지만 그것이 곧 의원님께서 인정받으시는 이유고, 유능한 이유라고 생각합니다.

전혜인 좋습니다. 일적으로는 지역 국민에게 스킨십도 있고, 또 국민의힘에서는 누구보다 실력자라고 인정받고 계신 분인데, 어찌 됐건 의원님을 뽑아주시는 분들은 지역구민들이잖아요. 지역구민에 다가가는 거는 혼자 잘 하실 텐데, 그것을 확산되게 만드는 것 혹시 중요하지 않나요?

박통일 저는 중요하다고 생각합니다.

전혜인 근데 그 방법이 뭐가 있을까요?

박통일 의원님을 적극적으로 알리는 것이죠. 이를테면 방송에 적극적으로 출연하신다던가...

전혜인 그렇죠. 아무래도 혼자 하시는 것보다는 한 번 움직이더라도 좀 보여지면 그 효과가 클텐데. 그걸 알았다면 그게 가장 큰 단점 중에 하나이지 않을까요?

박통일 처음에는 그렇게 느꼈습니다. 왜냐하면 제가 기자 출신이었기 때문에, 방송 홍보의 중요성을 잘 알고 있었기 때문이죠. 하지만 4년 가까이를 가장 옆에서 가장 많은 시간 동안 모시다 보니 의원님의 진심을 알게 되었습니다. 진심으로 도봉을 위하고 진심으로 구민을 위하시더라고요. 4년을 함께한 저도 아는데, 20년 넘게 의원님을 지켜본 도봉 구민들은 '당연히 아시겠구나.'라는 생각에 스스로 했던 어리석은 의문을 지워버렸습니다. 의원님 스케줄보면 한달에 하루도 쉬는 날이 없어요. 지역을 위해 새벽에 나오셔서 밤늦게 들어갑니다. 그렇게 많은 시간을 함께 해 오다보니 이 도봉구라는 민주당 세가 강한 곳에서 의원님이 당선됐던 이유를 알게 되었습니다. 그분들한테 물어보면 "나는 국민의힘이 싫어. 하지만 김선동은 좋아." 이렇게 얘기하시는 분들이 많습니다. 의원님이 정답이셨어요.

전혜인 도봉구는 사실은 민주당세가 훨씬 강한 지역이죠. 소위 말해서 강남 부자들은 보수에 강하고, 도봉 창동 상계동 쪽은 민주당이 강하다라는 말을 합니다. 보좌관이 아니라 개인 서울시를 바라봤을 때 국민의힘이 가장 큰 문제는 뭐라 생각하십니까?

박통일 제가 청년 활동을 했었기 때문에 청년의 관점에서 바라본 국민의힘의 문제점을 말씀드리겠습니다. 최근에 청년 지지율이 조금 올랐었어요. 사실은. 청년 지지율이 조금 올랐는데, 그 내면을 보니까 20대 남성의 지지율을 올랐지만 20대 여성의 지지율은 바닥을 치고 있더라고요. 그래서 청년 지지율이 올랐다고 좋아할 것이 아니라 양극화가 되어버린 젠더 갈등 같은 부분을 조금 우리가 좀 더 적극적으로 해소해 나갈 필요가 있겠다라고 생각이 듭니다.

전혜인 윤석열 라인이라는 말을 우리가 조금 듣습니다. 올바른 선거판이 아니라 찍어 누르면 있는 사람 쫓겨나고 이런 얘기 들어요. 위에서 생각이 있어서 하는 거겠지만, 그런 점이 있으면 어떻게 생각합니까? 만에 하나 위에서 도봉은 다른 사람해, 라고 한다면. 경선을 못 나온다면. 그럴 수도 있는 거 아니겠습니까?

박통일 당에서 총선을 위해 서울시당위원장을 맡긴 분이 김선동입니다. 그럴 가능성은 제로입니다.

전혜인 보좌관으로서 만약에 일반 사람들한테 우리 의원님의 깨알 자랑을 한다면, 우리 의원님은 어떤 사람이다.

박통일 아직도 공부를 해요. 영어공부요. '케이크 영어'라는 어플로 공부를 하는데 그 바쁜 와중에도 출퇴근 시간이나 이동시간이면 여지없이 영어공부를 하세요. 벌써 700일 넘게 하루도 빠지지 않고 공부를 합니다. 의원님은 '자기관리', '성실'의 대명사라고 생각해요.

전혜인 보좌관 입장에서 만약에 이 영상을 보는 도봉 지역구 민들한테 하고 싶은 말이 있다면 뭐가 있겠습니까?

박통일 사실 여러분께서 가장 잘 아실 거예요. 우리 김선동 의원님께서 도봉을 위해서 어떤 일을 하셨고, 또 세 번을 떨어지신 12년 동안에도 끝까지 포기하지 않으시고 도봉을 위해 달려오신 그 길을 저보다 여러분들께서 더 잘 아시겠지만, 제가 의원님을 4년 가까이를 모시면서 의원님을 바라보니까 여러분들이 생각하시는 것보다 더 노력하시고, 더 도봉을 위해 안달나신 분이시더라고요. 그래서 여러분께서 그 진심을 알아주셨으면 좋겠고요.

지금 GTX지하화, 우이·방학경전철, 고도제한 해제 등
지역의 큰 숙원 사업들이 해결 되고 있는 것도 사실은
김선동이 해결사 역할을 해 냈기에 가능한 일들이었습
니다.

가끔 골목길에서 의원님을 만나신다면 '김선동 파이
팅!' 하고 힘 한번 주세요. 그럼 의원님도, 옆에 같이 있
을 저도, 너무 힘나서 더욱 열심히 할 것 같습니다. 감
사합니다.

전혜인 고맙습니다.

Political Effect. 03 김선동의 동문동답

1판 1쇄   2023년 11월 7일

펴 낸 곳   도서출판 답

기   획   손현욱

섭   외   정정현

에 디 터   정인성

인터뷰어   이쌍규, 전혜인, 정인성

인터뷰이   김선동 국회의원(18대, 20대)

촬   영   김대명

사   진   오미현

홍   보   이충우

출판등록   2010년 12월 8일 / 제 312-2010-000055호

전   화   02.324.8220

팩   스   02.6944.9077

이 도서의 국립중앙도서관 출판예정도서목록(CIP)은 서지정보 유통지원시스템 홈페이지(http://seoji.nl.go.kr)과
국가자료 종합목록 시스템(http://nl.go.kr/kolisnet)에서 이용하실 수 있습니다.

ISBN 979-11-87229-69-8 03340

값 20,000원